ASSITEJ
国際児童青少年舞台芸術協会
世界大会 2024
@ キューバ・ハバナ

写真提供＝アシテジ日本センター

２０２４年５月24日～６月１日、アシテジ（国際児童青少年舞台芸術協会）世界大会が、キューバの首都ハバナで開催された。大会期間には、世界アシテジの総会などの会議と、児童青少年舞台芸術の国際フェスティバルが行われ、66か国から芸術家ら約５００人が参加した。【本文62ページ報告記事】

【上】観光名所の大聖堂の前を行く大会開会の市内パレード

【下右】総会会場の国営ホテル、ホテル・ナショナルの壮麗な外観と海を一望する中庭

自国のカードを掲げて。総会の議決風景

ブレヒト劇場

プロア人形劇場の入口

キューバの著名なバレリーナの名を冠した
アリシア・アロンソ・ハバナ大劇場内の小劇場

ハバナは劇場が随所に

ハバナの町には大劇場の国立劇場や
ハバナ大劇場以外にも、あちこちに
特色ある小劇場があり、目を引いた

閉会式の会場になった国立劇場

ブランク劇場のロビー

多様性を楽しんだ世界大会

キューバ・ハバナ世界大会に参加して

アシテジ日本センター監事
荒川貴代

ビエハ広場（16世紀に作られた、噴水がありスペイン式の建物に囲まれた広場）に集合し、大聖堂やヘミングウェイが通ったというバー「ボデギータ」などの観光名所を通る市内パレードから世界大会は始まりました。

大会中、14の作品を鑑賞しました。ハバナには客席数100～300の劇場が随所にあり、人形劇やダンス公演などの上演作品に特化した劇場もあって、多目的ホールや客席数千以上の大規模施設が多い日本とは違い、演劇・文化を享受する環境が整っていることが羨ましかったです。改修中のため、世界大会の会場にはなっていなかったハバナ大劇場（世界中の名エンターティナーたちが公演している劇場）にも小劇場があり、定期的に子ども向けの劇やワークショップを開催しているそうです。

近年、社会包摂を意識した作品が多く作られていますが、今大会でも多様性を感じられる作品が多くありました。セミナー・ワークショップでも、ＬＧＢＴＱ

多様性を感じる舞台から

デンマークの音楽劇『天国と地獄』
70〜80年代ロック風のいでたちの
パフォーマーのなか、ヒジャブを着けた
ジュリエット役が印象的（写真下、右端）

この作品は倉庫（写真左）、大会メイン会場の
パビリオン/貿易展示センター（下）、
大学構内（下左）と、あちこちで上演された

『トントントン』（韓国） 発達障がいの子どもとその家族のために企画された参加型作品
この上演では地域の子どもたちや家族が参加し、楽しんだ

［撮影＝アシテジインターナショナル］

や障がいなどマイノリティーをテーマとしたものにたくさんの人が集まっていました。

『天国と地獄』（デンマーク）は、70〜80年代ロック風の衣裳とメイクのパフォーマーたちが繰り広げる、『アダムとイヴ』と『ロミオとジュリエット』を混ぜた音楽劇で、魅力的な登場人物と物語展開に最後まで惹きつけられました。ジュリエットがヒジャブ（イスラム女性の被り物）を着けていたのが印象的でした。

『トントントン』（韓国）は、発達障がいの子どもとその家族のために作られた参加型の作品で、皆の関心が高く、予約できずにつめかけた50人以上（定員は25）が外側から鑑賞しました。球をトントントンと叩いて反応を観察することから始まり、お隣の人をトントントンと叩いてダンスをし、韓国の伝統楽器による演奏を交え、最後は紙吹雪の舞う中、「○○の花を咲かせよう」と一人一人の名前を呼び歌い、幸せな気分になりました。「夢」をテーマにしたというこの作品にはキラキラ光るものがたくさん出てきて、終演後の心もキラキラ輝いていました。こんなにも癒やされ満たされる舞台を作った方たちを、心から尊敬します。（そしてちょっぴり嫉妬）演出家、出演者、制作者が一緒に学び、デバイジングで作ったそうです。

アジアの仲間たちと

【上】アジア・トークセッションで。左端、下山久氏
【下】韓国、インドとともに日本が中心を担ったアジアパーティは大盛況
いずれもメイン会場のパビリオン／貿易展示センターで行われた

国立劇場で行われた閉会式で鑑賞した、世界最高のダンサーを多数輩出しているキューバの舞踊集団による公演では、ペアになって踊る場面で、同性ペアが何組か登場しました。彼らが表現する愛情は、とても自然で美しく、愛の原点を見たような新鮮で純粋な気持ちを覚えました。

多様性は、キューバの街、人々の暮らしからも感じられました。アメリカの経済制裁を受け、物資は明らかに不足していますが、どんな事態もあるがままに受け止め、あるものを最大限活用して生活している姿に、資本主義との根本的な違いを感じました。化学肥料も農薬もなく、完全有機農法で生産された野菜や果物、肉、卵は本当に美味しかったです。あふれる物を次々に消費し、時間に追われる日々に疑問を呈し、豊かさと幸せの本質について考える機会を与えていただきました。

次回
アシテジ世界大会
韓国・ソウルでの
開催決定！
2027年
7月**24**日〜**8**月**1**日

巻頭言

地域という劇場

劇作家・演出家
ふじたあさや

「地域演劇」という言葉、いつ頃から使われてきたのだろうか？　私の記憶では、朝鮮戦争をきっかけにしたレッド・パージで、職場演劇とか自立演劇、業余演劇と呼ばれていた、労働組合運動の文化活動としての演劇が、職場から締め出された時、誰言うとなく「職場本位の集まり方が出来ないのなら、地域本位の集まり方にしたらどうだろう」「同じことなら地域の他の職場にも声をかけたらどうだろう」と言い合って、地域を拠点にした、職場を超えた集まり方で、演劇作りを始めるようになった、と記憶している。もともと労組の文化運動だったから、政治的と言うレッテルを張られることが多く、行政サイドの支援も受けにくかった。そこで、地域劇団同士が呼び掛けあって、全国的な組織を作ろうということになる。全日本リアリズム演劇会議である。ここの機関誌『演劇会議』の表紙には、〈全国の地域劇団をいきいきと伝える演劇誌〉とある。リアリズムの名に使命を感じて参加する専門劇団もあった一方、リアリズムにこだわるのなら参加しないとする地域劇団があったことも確かである。

そのリアリズム、実はソヴィエト・ロシアの大統領＝スターリンが提唱した社会主義リアリズムのことで、これが組織名になった頃には、当のスターリンも死んで、〈スターリン批判〉にさらされていたのだが、そうした情報は、日本には入ってこなかった。全日本リアリズム演劇会議は、東西二つの組織のうち、西会議は解散したが、東会議は健在である。ただし、以前のようなリアリズムにこだわっているかどうかは、あきらかではない。

はじめは音楽だけだった行政サイドの助成金が、演劇分野にも出るようになってから、地域演劇の様相は一変した。各地の公文協（全国公立文化施設協会）参加の文化施設が、発信事業として演劇を考えるようになった。初めは、中央からやってくる劇団や、国際交流でやってくる劇団の受け皿を鑑賞団体と協力してやるだけだったが、やがて、それぞれの地域の特性に応じて、アメリカ風のリージョナルシアターや、リージョナルシアターまがいの提携劇団をもつようになる。それらの中には、これまでの地域劇団との違いを主張したくて「市民劇」を名乗るものもあるが、もう一つの地域劇団には違いない。そこで触れなければならないのは、観るべき演劇はかならず中央で作られ、地方地域の役割は、それを受け入れて支えることにあったという江戸時代からの役割分担の常識は、静かに変化しつつあるということである。さまざまな劇団が生まれ、さまざまな演出家が各地でさまざまな試みをやるようになった。

私も、今、二つの市民劇に関わっている。一つは川崎市の新百合ヶ丘にアートセンターを建設するとき、市民の演劇活動を支えることを事業と位置づけ、「劇団わが町」を結成したことで、年齢を問わない募集をしたところ、四歳から七十四歳まで六十人集まった。はじめは子どもをうるさがって「子どもは黙ってろ」などと言う者もいたが、そういうのは認めないとやめてもらったあたりから、子どもが対等に発言するようになり、大人に混じって脚本作りにも参加するようになった。はじめは、ワイルダーの『わが町』の翻案や、地元出身の岡本太郎の評伝劇や、金子みすゞの生涯を劇化したりしていたが、昨年、地域内にあった旧陸軍登戸研究所を扱った作品を上演したことで、市民劇としての新しい可能性を示すことが出来た。

もう一つは長野県の飯田市で、「演劇宿」と名付けたその劇団では、私の旧作をはじめ、よう逝した隣村の女性歌人の生涯と作品を劇化したり、藤村の「破戒」のモデルの生涯を劇化したりした。今は地域の保育園、小学校の要望に応えて、児童劇に挑戦している。

その児童劇は、実質的には地域演劇とみなすべきだと思うが、学校公演やおやこ劇場・子ども劇場公演は助成対象にしないという先進国中最低の文化政策によって、子ども人口減少の影響をもろに受け、さらにコロナ対策の休校と入場者数制限で、今や危機的状況にある。

神奈川・川崎市新百合が丘の市民劇団 劇団わが町 第13回公演
『「あしもとのいずみ」2023〜陸軍登戸研究所をめぐる物語〜』のカーテンコールで。
10代〜80代のメンバーが、地域の戦争遺構をめぐる作品に取り組んだ。
脚本＝萩坂心一、潤色・演出＝ふじたあさや／2023年12月1〜3日、川崎市アートセンター

ひと口に地域演劇と言っても、こんなに沢山の顔がある。演劇が中央で作られ、地方、地域は受け皿になるだけと言う時代は、いつのまにか遠くなった。演劇を観るだけではない、観たらやりたくなる。鑑賞と表現が循環することで人は成長する。そんな理想が、地域演劇の発展によって実現しつつある。人の身になれる演劇には、人を育てる力がある——ということを証明する役割を、今地域演劇が担おうとしているのだ。

げき 28 もくじ

特集

人形劇――この多様な世界！

最近の欧州人形劇
あまり「人形」劇ではない人形劇

人形劇研究者
山口遥子

●「人形劇」の変化

私はいまドイツのドレスデンで研究滞在をしています。有名なドレスデン国立美術館の中にある、あまり有名でない人形劇コレクションを調べるために来ています。一〇万点以上の現物資料を含む膨大なものですが、この夏には新しい収蔵庫（かつての火力発電所で、現在はすてきな文化拠点）に移されて一般公開される予定です。

ドイツでは「人形劇」（プッペンテアター）という名称のかわりに、「形象劇」（フィグーレンテアター）あるいは「物の劇」（テアター・デア・ディンゲ）という名称をよく使います。「人形劇」という名前が、いまいち実情にそぐわなくなってきたからだと思われます。ドイツの、あるいはヨーロッパの「人形劇」において、人型・動物型の「人形」を用いるのは当然のことでなくなってきています。

すでに一九八〇年代から、美術家が造形した「人形」の代わりに、身の回りにあるさまざまな日用品などの「オブジェクト」が使われるようになっていました。日本でも一九八〇年代に「オブジェクト・シアター」という言葉が導入されていくつかの試みがなされましたが、その頃と比べて、いまではオブジェクトの種類や用い方がずいぶん多様化しています。フランスで二年に一度開催される「世界人形劇祭」という巨大なお祭りがありますが、二〇二三年にその舞台に上った「オブジェクト」のごく一部を挙げても、電子回路基盤、雑穀の苗、搾乳器、白鳥の剥製、DJブースなど本当にさまざまなものが出てきました。扱い方もさまざまで、たんに人形のかわりにオブジェクトを擬人的に動かすのではない仕方がいろいろと新しく考案されています。言ってみれば、人形劇はいま、人間が人形をどう操るかを見せる場ではなく、人間と物の新しい関係を

第１回下北沢国際人形劇祭（2024年２月21～27日）上演作品より
『KAR』DAMUZA+Fekete Seretlek（チェコ／スロベニア）
© 下北沢国際人形劇祭 / Yuri Manabe / Azusa Yamaguchi

さぐる実験と探究の場になっています。

●新しい人形劇祭

このような新しい欧州の人形劇のこころみを日本でも紹介して、「人形劇」のイメージをちょっとでも変えることはできないだろうか。そう思って、二〇二四年から東京で新しいフェスティバル「下北沢国際人形劇祭」を始めました。人形劇の良いところは、「たった一人で、狭い部屋の中で、あり合わせのものでできる」ということだと私は思っています。人も場所もお金も要らない人形劇は、もっと若い人の関心を惹き、新たな才能が次から次へと現れてしかるべきでは？とずっと考えていました。ただ同時に、人形劇はさまざまな舞台芸術分野のなかでも、二〇～三〇代の若手がとりわけ不足している分野だというさみしい現実にも気付いていました。

私がいまいるドイツやその隣国チェコでは、「人形劇」の若者人気が日本よりもあるようです。もちろんそれには歴史的な理由や、人形劇を学ぶことのできる高等教育機関の存在といった構造的違いもありますが、それだけではないような気がします。一九八〇年代以降の欧州では、美しく彫刻された人形ではなく日用品を用いたオブジェクト・シアターの実験が、質・量ともに日本よりずっと広範に行われました。それによって「たった一人で、狭い部屋の中で、あり合わせのものでできる」という人形劇の性質が知られるようになった結果、若い人が人形劇に取り組みやすくなっているのではないでしょうか。

欧州の人形劇人と話していると、何でもいいから手元にあるものをちょっと気の利いた仕方で動かしてみる、くらいのことを人形劇だと思っているようです。これなら、本当に気軽に人形劇を始められます。これに対して日本では、伝統人形芝居の影響なのか、造形された人型・動物型の人形を繊細に動かすことが人形劇だと思われているようです。下北沢国際人形劇祭の一つの目的は、ひとまずこの理解を相対化して、人形劇がどれほど自由なものかを示すことでした。

●パペット・スラム

下北沢国際人形劇祭では、ザ・スズナリという劇場での本公演（五カ国・八作品）のほかに「パペット・スラム」という催しが開かれました。これはニューヨーク発祥で、大人向け人形劇作品を制限時間七分以内でつぎつぎに発表するというものです。発端は一九八七年にやはりニューヨークで始まった「スパゲッティ・ディナー」というへんな集まりで、そこではみんなでズルズルとスパゲッティを食べながら順ぐりに人形劇をやっていました。大人向け人形劇を発表する機会がなかなかないので、ディナーにかこつけて短編をたくさん作って見せ合おうじゃないか、というのです。それがいま「パペット・スラム」と名前を変えて全米にひろがっています。

下北沢でも、国内のパフォーマーが気楽に短編を発表するための場として参加者を募り、五組が出演しました（応募数は五十組でした）。チェコと米国の人形劇団体と協力して、出演者から一組を両国の「パペット・スラム」に派遣するというスペシャルなプログラム付きです。今回はマイムの世界でも活躍する角谷将史さんが選ばれました。すでに初夏のチェコで上演を終え、秋には本場ニューヨークでの上演が予定されています。

次回の下北沢国際人形劇祭は二〇二六年二月を予定しています。人形は要りません。その辺に転がっているものを、ちょっと面白く動かすだけです。次はぜひあなたもご参加ください！

『Boxed』 Ariel Doron（ドイツ） © 下北沢国際人形劇祭 / Yuri Manabe / Azusa Yamaguchi

『STICKMAN（棒人間）』 Darragh McLoughlin（アイルランド）
© 下北沢国際人形劇祭 / Yuri Manabe / Azusa Yamaguchi

人形劇と地域社会

現代における人形劇の社会的役割と東かがわ市とらまるパペットランドの取り組み

東かがわ市とらまるパペットランド 施設長／一般社団法人パペットナビゲート 代表理事
貴志 周

現代社会と人形劇

現代社会においては、資本主義思想の偏重があらゆる消費サイクル（使い捨て市場）を加速させており、情報化社会とＩＴ産業の発達は、その利便性と引き換えに、人間社会の健全なコミュニケーションを奪い、社会性構築に必要な想像力・思いやりの心が痩せつつあることが懸念されています。「持続可能な社会」「社会包摂」「多様性」「共生」といったスローガンが掲げられる一方で、一人一人がこの世界の一員であるという社会性の認識は、世代を追うごと・時代が進むごとに薄れてしまっていることは否めません。

人形劇は、人間～人形・動物・物体・自然現象……あらゆる存在が象徴的に実体化され、一つの作品（世界）を構成する多元的多様性を包含し、演劇・造形・物語創作・美術・音楽・空間演出などの多様な創造性が結集した総合芸術です。また、本来命を持たない人形（モノ）が舞台世界の中で活き活きと蘇生する世界に触れる鑑賞体験は、身の周りのモノ（者・物）全てを大切に思う感性を喚起させるとともに、その芸術性は創作及び上演に関わる人間の活力・魅力を観る者に感じさせます。

舞台芸術の鑑賞空間（劇場）における「多種多様な人々が同じ体験・感情を共有する場」という意義もまた、「社会包摂」を体現する場として重要視されています。その中で、人間にとって最も普遍的な文化であり、世代や人種を選ばない魅力をもっている「人形劇の劇場空間」は、誰もが分け隔てなく健全に暮らすことができる社会包摂の成就において大きな意義を持っていると考えられます。

近年は、芸術文化と地域社会をつなぐ存在として、地域の文化会館（劇場・音楽堂）の役割が重要視されています。後半では、人形劇文化と地域社会のつながりの事例として、当方の施設と地域における成り立ち・取り組みについてご紹介します。

カーニバルから町づくりへ

もともと、当地（東かがわ市）に歴史的な人形劇文化の土壌はありませんでした。事の起こりは四十年前（一九八四年）、旧自治体である大内町の青年団が、香川県内レクリエーション仲間の交流イベントにてプロ人形劇団の招聘公演を開催したことによります。ここで初めて人形劇の舞台公演を目にした観客（多くの大人たち）は、すっかりその魅力の虜になり、翌年一九八五年、レクリエーションクラブと人形劇の有志たちによる手作りのフェスティバル「レクリエーションと人形劇のカーニバル」が開催されます。

カーニバルを通じて広がった人形劇の輪は行政を動かし、同町はオンリーワンの町づくり事業として一九九〇年から西日本初の人形劇専門劇場建設に着手し二年後の一九九二年九月、「人形劇場とらまる座」が開設されます。さらに二〇〇〇年、東かがわ市への合併を見据え新たな子どもの施設建設構想を進めていた大内町は、国内人形劇界と連携し、体験型博物館「とらまる人形劇ミュージアム」の設立を進め、二〇〇三年三月、ミュージアムの開館とともに、国内唯一の人形劇テーマパーク「東かがわ市とらまるパペットランド」開設に至りました。

1980年代の「レクリエーションと人形劇のカーニバル」上演風景

地域文化を市民と共に

現在、当施設では、劇場・博物館の運営とともに、地域特有文化（人形劇）の普及・振興事業として、文化芸術活動の活性化および人形劇に特化したユニークな地域文化を住民と共に創り上げるべく、様々な取り組みを実施しています。

▼令和五年度（二〇二三年度）の地域文化普及・振興事業

①東かがわ市内における人形劇文化普及事業

◎市内子ども園への人形劇無料招待券配布

人形劇場とらまる座1公演無料観劇券（園行事用および各家庭用の二種類）を配布。

◎東かがわ市内子ども園の人形劇鑑賞機会提供

東かがわ市内の子ども園（全6カ所）にてプロ劇団を派遣しての人形劇公演（上演時間60分）を企画。

無償提供。各園年1回。／観客数＝６４０人

②とらまる人形劇カーニバル開催事業

「とらまるパペットランド20周年記念・とらまる人形劇カーニバル２０２３」10月27～29日に開催。／来場者数＝約２０００人

当催事実行委員会事務局の運営を担い、企画・制作進行・実施運営の中核を務める。

〇とらまる人形劇カーニバル２０２３における地域文化催事参加支援

子育て家庭に対する地域行事参加支援として、東かがわ市内幼保小経由でのワッペン・チケット注文書1枚に対し、参加証ワッペン1枚を無料支給。／利用数＝１６７件

③アマチュア劇団育成事業

東かがわ市内および香川県内のアマチュア人形劇団に対し、公演および創作活動の場の提供、人形劇創作についての講座開設、地域内公演における技術サポート実施。

④子ども劇団の育成事業＝小学校人形劇クラブ

市立小学校人形劇クラブの活動指導。年34回（定期・特別17回、昼休み活動17回）。

人形劇の創作『ふしぎな石臼～さぬきうどんの歴史の巻～』（上演時間20分）

カーニバル、高齢者保養施設等にて上演発表活動（3回）を実施。

⑤文化的社会包摂推進事業（劇場外公演事業）

・人形劇ミュージアムでの公演

２０２３年度　ミュージアム内人形劇小作品公演　計２８４回実施／観客数＝７１０８人

・地域文化会館　特別公演企画実施

『ピン・ポン』２公演／上演＝座・高円寺（東京都）／会場＝東かがわ市交流プラザ

二〇二四年、当地の人形劇文化の礎を築いた『とらまる人形劇カーニバル（旧名 レクリエーションと人形劇のカーニバル）』は開催四〇回を迎え、記念行事の特別プログラムをもりだくさんで計画中です。乞うご期待！

アマチュア劇団の小学校公演―「交流タイム」のようす

小学校人形劇クラブは高齢者施設で公演

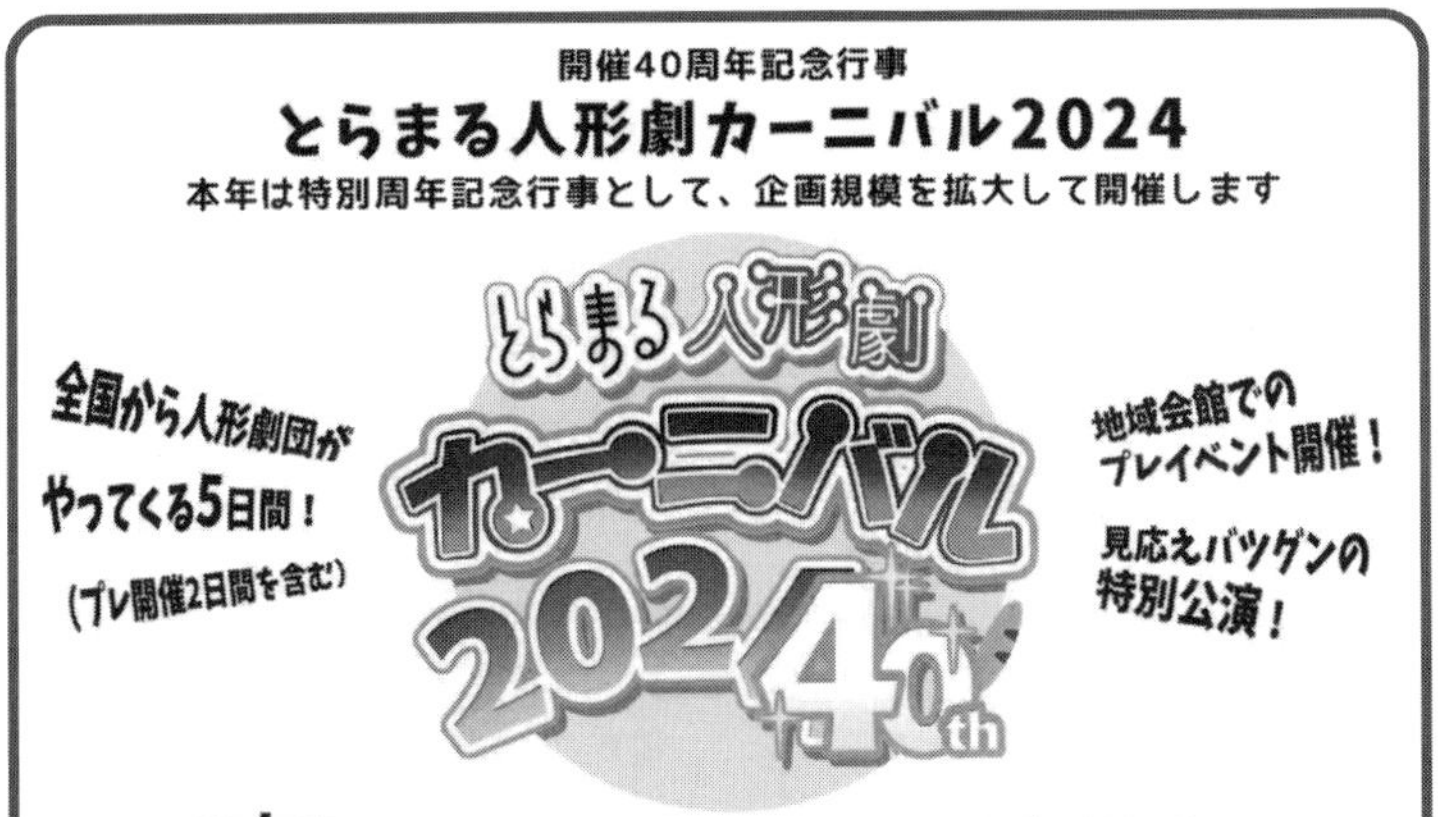
全国から人形劇団がやってくる5日間！
（プレ開催2日間を含む）
見応えバツグンの特別公演！
特大級の人形劇イベントにオモシロプログラムもりだくさん！

開催40周年記念「とらまる人形劇カーニバル2024」会場：とらまるパペットランド

■プレイベント：10月13日㊐（白鳥コミュニティセンター）

本年は特別周年記念行事として、企画規模を拡大して開催します

■プレ開催：10月19日㊏・20日㊐　■本開催：10月25日㊎～27日㊐

人形劇を通じた地域との関わりとその役割

愛知人形劇センターの活動

特定非営利活動法人 愛知人形劇センター 理事長
たかはしいちげん

団体名は「愛知」だけれど

このお題をいただいたとき、まず困ってしまったのは、〝地域〟って何だろうということです。

愛知人形劇センターの定款を読んでみると、その活動の目的は「この法人は、市民と人形劇に関わる人たちに対して、人形劇に関する事業を行い、人形劇の芸術性と技術向上に係る問題の改善や解決を図り、人形劇文化の向上とすべての芸術文化の増進に寄与することを目的とする。」ということであり、定款全体を通しても〝地域〟という語はありません。事務所の所在地を除いては、それらしき語は、団体名の「愛知」しかありません。では活動を愛知県に限っているかというとそういうわけではなくて、少なくとも理念の上では、「市民」であり、「人形劇――芸術文化に携わるすべての人」であり、国際協力すらも視野に入れています。つまり、名前には「愛知」という地域名を戴いているにもかかわらず、特に地域には拘っていない団体ということになります。

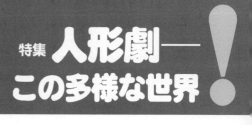

愛知人形劇センターは、第15回ウニマ（国際人形劇連盟）総会と世界人形劇フェスティバルが名古屋・飯田・東京の三都市で開催された一九八八年の盛り上がりの翌年、損保ジャパン（当時は安田火災）人形劇場「ひまわりホール」の管理団体として、また「ひまわりホール」を拠り処とする愛知を中心とした地域のプロ・アマチュア人形劇団・人形劇愛好家が集まってできた団体として生まれました。まあ自分たちが好きなように使えて、仲間が増えて、面白いもの（この地域以外の、海外も含めて）が観られればいい、みたいな感じで始まったように思います。まだこの地域に活発な社会人サークルやおかあさん人形劇団がたくさんあって、活動と発表の場所を求めていたアマチュアが主導権を握っていました。アマチュア劇団の多くは活動の拠点を他に持っていて（公民館など居住地の近くの公共施設が多かった）、そこで製作や稽古をしたり地元の行事で上演したりしていました。そうやって、個々に地域と関わっていましたし、現在も続けているところもあります。

「ひまわりホール」は公共ホールではないので、地域住民との関わりは非常に希薄です。そもそも行政とのつながりもありませんし、地域住民（「ひまわりホール」はオフィス街にあるので、どこの人たちを指して言ったら良いのか）が、劇場の運営に参加するということもありません。強いて言うなら愛知人形劇センターの会員がそれなのかもしれません。運営に携わる理事の中でも、人形劇界を見渡すことのできるような一部の人たち以外は、この〝地域〟をどうしようかなどとは考えていなかったと思います。

二〇〇〇年以降の変化を受けて

そんな中で二〇〇〇年を過ぎたあたりから、アマチュア劇団がどんどん元気をなくしてきました。既存メンバーの高齢化と若年メンバーを獲得できなかったこと、拠点であった公共施設が使いにくくなってきたこと、雇用状況の悪化とか家庭内の介護とかで、そういう活動をしていく余裕がなくなってきたということで、実際に活動をしている劇団の数は目に見えて減ってきました。愛知人形劇センターとしては、人形劇の新しい担い手を育てようと、昨年急逝した木村繁らが中心になって、人形劇以外の地元の演劇界の若手やパフォーマー、まだ人形劇に興味を持っていなかった人たちを集めて、ワークショップを始めたりしました。「劇作家とつくる短編人形劇」というこの地域の劇作家に人形劇のための新作書下ろし戯曲を委嘱、人形劇と演劇の出演者が合同で上演という企画もしてきました。そういう地域のアーティストらを積極的に取り込んでいくことで、この地域の人形劇や演劇パフォーマンスに新しい動きが起きてきたように思います。

そういう動きと並行して、二〇一一年から人形劇ジャンルの明日を担う斬新な才能を発掘するために「P新人賞」という賞を設けました（二〇一五年度からは文化庁の「次代の文化を創造する新進芸術家育成事業」に採択）。これには地域限定ではなく全国から応募をいただき、この受賞を機に国内外のフェスティバルなどで活躍する劇団もいくつも生まれました。二〇二三年からは「P新人賞NEXT」とコンセプトも刷新、選考された応募団体が舞台芸術の第一線で活躍する愛知人形劇センター関係の講師陣と格闘しながら、ひまわりホールで作品創造に臨むというものです。これらの人形劇研究育成事業の対象に、地域は関係ないと私たちは考えています。

それに加え、各地の劇団や劇場と連携してこの地域の方々に、海外を含む様々なコンテンツを「ひまわりホール」で観てもらうこと（人形劇鑑賞促進事業）、この地域のアーティストを中心に全国（海外も）のアーティストとともに新たな舞台作品を生み出し「ひまわりホール」ばかりでなく全国（海外も）で上演すること（人形劇創造事業）、もちろん地域のアマチュア劇団のサポートもしていく（人形劇活動サポート事業）というのが、いまの愛知人形劇センターの地域との関わりと役割だと考えています。

2017年 劇作家と作る短編人形劇『わたの楯』

P新人賞NEXT2023 THE STAGE　クロストーク

ひまわりホール子どもアートフェスティバル2022

特集 人形劇——この多様な世界!

人形劇団から

人形劇団 ひとみ座

多様な創作による人形劇の未来

中村孝男
人形劇団ひとみ座 代表

ひとみ座の歴史

太平洋戦争が終わってまもない一九四八年、鎌倉アカデミアに集まった若者が中心になって演劇活動を始めたところから端を発します。俳優による舞台劇だけでなく人形劇にも取り組み、すぐに人形劇の専門劇団へと形を変えていきました。一九五九年に川崎市中原区に移転、一九六四年に現在の拠点に移転して有限会社ひとみ座を設立しました。また、一九六八年には「伝統と現在、そして世界の人形劇を繋ぐ」ために『公益財団法人現代人形劇センター』がひとみ座を母体として設立され、今も協力して活動を続けています。

現在は、座員約五十名を抱えるプロの人形劇団となっています。活動内容は、全国の幼稚園・保育園・小学校・劇場音楽堂・子ども劇場での公演、海外での公演、ワークショップ活動、CM・テレビ人形劇・2.5次元ミュージカルでの人形製作・操演など多岐に渡ります。

近年のひとみ座の作品

近年ひとみ座は年間三本から五本程度の大小含めた新作を発表しています。この中の半分程度は、その後全国各地を巡演することを見越して、ある種の戦略をもって制作しています。しかし残りの半分は、制作して発表してそれで終わり、翌日にはセットをばらして部材に戻します。この一見刹那的とも思える創作を毎年止まることなく繰り返しています。

ここ五年間、劇場で行った単発の公演（再演や巡演を予定しない公演）だけをとってみても、『みつあみの神様』『鬼のごちそう』『かわいいサルマ』『モモ』『どんぐりくらぶ』『はてな王子といっしょ』『花田少年史』と続き、今年度も『メープル農場のどうぶつたち』『華氏451度』と枚挙に暇がありません。なかでも『みつあみの神様』は経験の浅い役者たちによるチャレンジ的な作品で、折しもコロナ禍が始まった頃で集客にとても苦労しましたが、魅力のある作品に仕上がりました。

なぜ刹那的な作品作りを行うのか？

有難いことにひとみ座には毎年、将来を夢見るアーティストの卵たちが入団してきます。彼らはまず既存のレパートリーに参加し、日々人形劇に取り組みます。活動を続けていく中で「自分はこんな作品を作りたい」が具体的に芽生えてきます。温存して機会を待てるような器用さがない新人にとって、芽生えたら出来るだけ早く形にすることが重要です。そのためにひとみ座の劇団員は、経験年数に関係なく誰もが「人形劇を作る権利」を持っています。入りたての新人でも自由に作品を作ることができるのです。

創造する過程は大きな経験値です。経験を積み、日々の上演活動に還元し、役者として大きくなっていくことは新人にとってもベテランにとっても大事なことです（そうしないと、何年も自発的創造をしていない「自称」アーティストだらけになってしまいかねません）。結果として「二〇代の新人ががむしゃらにやりたいことを詰め込んだ作品」や「六〇代のベテランが何かを社会に投げかけようと願った作品」など、質も内容も全く異なるものが生み出されます。しかしどちらもひとみ座劇団員による、立派な「ひとみ座の作品」だと私たちは考えています。

もちろん、質の担保は劇団としての責務ですので毎回ふるいにかけ、時に落とされ、時に磨きながら世に送り出しています。その結果として、王道のような作品が生まれることもあれば、サブカルチャー作品、他ジャンルとのコラボに乙女文楽まで、とても一つの団体が作ったとは思えない不揃いなラインナップがひとみ座には並んでいます。作品の多様性を最初から目指しているのではなく、自由な創造の結果として自然と多様になっているのです。この「自由な創造」こそがひとみ座が創立当初から引き継いできた「組織としての意思」でもあります。古いものに固執せず、自由な発想により「今」を反映した人形劇を作り、「今」の観客の心に響く人形劇を届けること、それこそがひとみ座の目指す姿です。

人形劇団ひとみ座『リア王』作＝W・シェイクスピア、演出・脚色＝伊東史朗、
人形美術＝片岡 昌・小川ちひろ（初演 1989 年）

人形劇団ひとみ座創立 70 周年記念公演『どろろ』
原作＝手塚治虫、脚色・演出＝中村孝男、人形美術＝小川ちひろ・本川東洋子、
舞台美術＝伊東 亮（初演 2019 年）

近年のひとみ座の取り組み①
パペットラボ

作品創作とは別に、近年ひとみ座が取り組んでいることの一つに「パペットラボ」があります。これはひとみ座に入る人を育成する所謂『養成所』ではなく（これはこれであります）、一般の方向けの人形劇講座です。二〇一九年に始まり、毎年多くの方にご参加いただいています。参加者の年齢層は幅広く、下は中学生から上は還暦を越えた方まで、どの方も「演じること」「創ること」「人と繋がること」など様々な喜びを感じて楽しんでいます。教える立場の劇団員にも様々な発見があり、それが普段の創作活動に結び付いています。パペットラボを卒業して「表現する楽しさ」に目覚めた人も多く、各々のフィールドで様々な発信をし始めるケースも散見します。また、卒業生がそのままひとみ座養成所に入るケースも多く、劇団の新人育成にも一役買っています。

「人形劇の裾野を広げる活動」と「新人発掘」、これがパペットラボの成果となっています。

近年のひとみ座の取り組み②
多方面とのつながり

多様な活動を行っている中、これまでの上演活動では出会えなかった方々とのつながりを得ることが出来ました。

二〇〇五年、日比谷（東京）の日生劇場にて現在の『日生劇場ファミリーフェスティヴァル』に人形劇として初参加しました。それ以来ほぼ毎年、ダンス・歌・大道芸などの様々なジャンルの第一人者たちと共演し、「大劇場での人形劇の可能性」を模索・創造してきました。これにより、今まで人形劇を観た事がなかった観客層にも人形劇の楽しさを伝えることが出来ました。

二〇一二年、地元川崎市をホームとする川崎フロンターレさんからマスコット人形の人形劇化を打診された際には、その「地域に懸ける想い」に共感し、共に活動していくことを決めました。スタジアム前での「席ツメパフォーマンス」人形劇や、区内保育園・市内小学校での選手による音読活動の補佐など、川崎フロンターレさんと共に様々な地域事業に取り組んでいます。

二〇一八年公演された『乃木坂46版ミュージカル美少女戦士セーラームーン』への人形製作や出演を経て、その後多くの2.5次元ミュージカルに人形製作・監修・操演などで参加するようになりました。二〇二四年夏には夏休み！オン・ステージ『パペットミュージカル すみっコぐらしとびだす絵本とひみつのコ』にも人形製作・出演で参加しました。また、NHKを中心にテレビ番組へのレギュラー出演、CMやWeb動画の共同制作も行っています。

このように様々な方面での事業と繋がることによって、今の時代に応じた新しい人形劇作りにひとみ座は取り組んでいます。

近年のひとみ座の挑戦

前述した「劇団員誰もが人形劇を作る権利を持っている」ことと同様に、ひとみ座では「劇団員誰もが企画を立てることができる権利を持っている」ため、様々な企画が生まれました。

劇団員が自由に人形劇を作る際「自由な発想から作った人形劇が10分ほどしかなく、面白いのだけれど単独で公演することができない」ようなケースが多々あります。そんな人形劇の発表の場として、近隣のカフェとコラボして『カフェ de 人形劇』を開催しました。これにより、人形劇を観たことがない層へのアピールを実施し、副産物として「新しい作品発表の場」を獲得することもできました。企画はとても好評で、そ

人形劇団ひとみ座創立75周年記念作品『花田少年史』
原作＝一色まこと、脚本＝西田由美子・中村孝男、演出＝中村孝男、
人形美術＝伊東 亮、舞台美術・衣装＝小川ちひろ
（初演 2024 年）

の後継続的に実施されています。

劇団員の中で「デザインフェスタに出てみたい」という声が上がり、会場の東京ビッグサイトで人形劇のアピールを実施しました。ＳＮＳで拡散されるなど、こちらも好評で翌年も出場しています。

「好きだからコラボしたい」と言い出した劇団員が、ソーシャルゲーム『アイドルマスター ＳｉｄｅＭ』とコラボを実現。人形製作キットを製作・販売しました。

他にも様々な企画が実施され、ひとみ座の活動の場をどんどん広げています。制作者だけではなく全ての劇団員が様々な企画を立案・実施できることは、ひとみ座ならではのことだと言えます。これにより、様々なタイプの劇団員が活躍でき、やりがいを感じられる劇団を作っています。

■人形劇の魅力と未来

人形劇は「演じる側が作るもの」ではなく「観る側が作るもの」です。人形は表情を変えることができません。しかし笑ったり泣いたりしているように見えるのは「観ている人が想像しているから」です。つまり人形劇は「想像力の芸術」なのです。

近年流行しているＳＮＳによる動画は全てが画像で説明されていて、想像力を使わなくても楽しむことができます。これにより、人の想像力はどんどん衰退の一途を辿っている感があります。想像力がなくなると、人の気持ちを想像することもできなくなりコミュニケーションにも大きな支障をもたらします。想像力は人にとって必要不可欠なものなのです。

芝居は人が目の前で演じているからこそ、演者・周囲の観客の熱を感じ、更なる感動を得ます。そして人形劇のアナログさは人に更なる想像力を生み出します。「感動と想像力」これこそが生の人形劇の良さです。

人形劇を観る際、子どもたちは必ずと言ってもいいほど周りの友達や大人と顔を見合わせます。顔を見合わせることによって共感し、それにより楽しさが倍増することを本能的に知っているのでしょう。人と繋がり、ともに喜び、ともに喜んでいることを喜ぶ……そんな姿が人形劇の会場には溢れています。

伝統を大事にしつつ、それでいて縛られることなく「今」を捉え、様々なことに挑戦し、新しい人形劇を作っていくことをひとみ座は目指します。

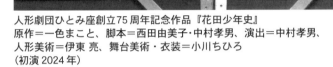

特集 人形劇――この多様な世界！

人形劇団から

人形劇団
プーク

「劇団がこれから目指すところ」

栗原弘昌
人形劇団プーク

●結論として

人形劇界のすそ野を広げること。演劇人口を増やすこと。

当たり前のことすぎて、遥か遠くに微かに見える道路標識を目指しているような感覚に陥りそうにもなりますが、言い換えれば、日常の劇団活動の中でアマプロを問わず人形劇を観る人や人形劇に携わる人（観る側と演じる側の両者）を増やすことと考えています。

というのも、多様な価値観の中、利便性と引換えで集団より個に向かいがちな現代社会で、「画一的な答えを問わない、多様性を受け入れ、一人一人お互いを尊重しあうことで成り立つ」演劇の、そして観客年齢幅の広い人形劇の必要性と有効性を強く感じているからにほかならないからです。

私たちは、人は人とのかかわりの中で成長するということや、舞台芸術としての人形劇は人が生きていく上でとても有効であることを学び、実感し実践してきました。しかし、その認識が現代社会に十分に浸透しているかと言えば、一定の評価はあるものの一般社会との大きな温度差を感じているのも事実です。その温度差を解消していくことが人形劇人口、延いては演劇人口を増やすことに繋がると考えます。

では何をすべきなのか。舞台芸術と無縁の野球少年だった私にとって、プークに入団以来三十五年余の社会経験と舞台経験しか手がかりはないのですが、ここ数年漠然と考えていたことをまとめてみます。

●このタイトルの背景

この原稿依頼をいただいたときに、「劇団がこれから目指すところ」というタイトルの裏側に直感的関心を抱きました。今なぜこのタイトルになったのか、劇団の存在意義が時代の変化によって問い直されているのか……と。

劇団が＝演劇しかも人形という物を遣って表現活動をする集団が
これから＝劇的な社会環境変化の中、未来の社会や人々の生活を予測し
目指すところ＝プロとして存在し社会貢献するための方針や考え方

と身勝手な解釈でタイトルの深読み変換をしてみました。

そして、このタイトルの背景にあるキーワードは「**社会環境の変化**」だと考えます。それら変化を私的感覚で時系列に並べてみると、①国家やイデオロギーの変化「明治～昭和（第二次世界大戦）」、②生活の中の物や

インフラの変化「（第二次世界大戦以降の）昭和〜平成」、③デジタル化と情報量の劇的変化「平成〜令和（今）」と考えます。

多くの劇団が誕生した戦後以降ではどう変わってきたのか。昭和30年代初めに洗濯機と冷蔵庫と白黒テレビが電化製品の三種の神器と言われ、東京オリンピックの年に東海道新幹線が開業しました。テレビの普及は「巨人、大鵬、卵焼き」といった流行語を生み、私が小学生だった昭和40年代は「大晦日はレコード大賞と紅白で年越し、視聴率40％超え」といったことが年末の常識でした。そのような決して多くない価値観の中、インフラが整備され物が増えてきた時代が昭和中期だったと考えます。

人形劇団プーク『プー吉のキングコング退治』
敗戦による占領下の1950年メーデーで、占領軍の政策を風刺

演劇関係では、戦後の荒廃した社会からの復興と並行するように、東京で生まれた舞台を地方でもと昭和24年（一九四九年）に大阪労演が誕生し、高度経済成長期には子どもの健やかな成長を願う母親たちによって、昭和41年（一九六六年）に福岡子ども劇場が誕生し、その流れは全国に広まっていきました。そして、お母さんや学生の人形劇サークル、学校での演劇教室等、日常生活の中には人形劇を観たり演じたりする場があり、人形劇フェスティバルも各地で開催されてきました。昭和後期から平成にかけては便利な物がどんどん増えてきた時代でもあり、好きな音楽をカセットで持ち歩ける「ウォークマン」は職業人形劇人になった私にとって（大部屋の中でも一人になれる）大切な旅の友でした。

それから令和の今、インターネットの発達によって無数に氾濫する情報からの検索と選択の時代になりました。「インスタ映え」という言葉は、無数にある情報の中から選択を促すための一要素と言えるのかもしれません。感覚的にですが、人と対面すること、面と向かって話すことが少なくなってきたようにも感じますし、コロナ禍はそれを加速させたと。そして三十年から四十年前、生活の中や学校に多くあった人形劇は今や「無数の選択肢の中のひとつ」に埋没しかけている……？　否、そうならぬよう多くの方の協力と理解を得て日々の公演活動をしているのですが、では何をどうすべきなのか。

人形劇の、演劇としての有効性を社会にアピールする

あらためて演劇の有効性をアピールすること。演劇は同じ時間と空間を観客と演者と共有するライブであり、ライブ空間で生まれる舞台と客席との一体感は、**生きる喜びを実感**すること。そして俳優は架空の生き様を投げかけ観客に何かを感じてもらう。それは心の疑似体験とも言えるかもしれません。大人になり現実社会の中では、それこそ失敗の連続で心に負荷がかかる毎日、だから心の疑似体験を重ねることは生きる力

になり、人をつくる力になるのだと、思わず力が入ってしまいます。そして「演劇は教育です」と、ふじたあさや先生の言葉には大いに勇気づけられ大いに納得します。

私たちはその上で、人形で演劇をするという特徴的な表現手段を使います。もちろん、台詞による表現も大切なのですが、人形という物を遣う人形劇の視覚的表現は**イメージに働きかける演劇**といえます。そしてその人形は人間の形とは限りません。時には動物だったり、おばけだったり、風や霧などの自然現象だったり、日常生活品のペットボトルだったり……要するに擬人化の対象は発想さえ生まれればなんでもありで、**より感覚や感性に働きかけることができる演劇**と特徴づけられるかもしれません。ですから、まだ言葉を理解しない幼児に向けたお芝居や、言葉の違う外国での公演にもこの特徴が発揮できるかもしれません。また、年間を通して少ない数ではありますが、車椅子で生活されている高齢者施設での公演、特別支援学校での公演、障害者通所施設での公演などは、観客の感性に働きかける人形の力を強く感じる公演で、純粋に人形美術の力はすごいなぁと思います。

人形劇団プーク『その後の・・・その後のＥＴ』
老いや認知症の問題を取り上げた作品（1995年）
原作＝石坂 啓、脚色・演出＝西本勝毅、
美術＝鈴木秀夫

演劇に係わる話ではないのですが「**人と人との間に人形が入るとその関係が柔らかくなる、優しくなる。**」という経験上の認識は、現代社会の中で活かせると考えています。子どもたちが人形を使って自己紹介をしてみたり、家族に言いにくい事の代弁者としての人形がいたり、愚痴を聞いてくれる人形がいたり……etc．人形が人と人との間に入ってクッション、緩衝材になる感覚はこれからの対面コミュニケーションツールやストレス発散ツールとしても有効なのではないかと、これは余談になります。ではどう働きかけるか。

●横軸と縦軸の視点で多くの人に働きかける

冒頭に述べた**「人形劇界のすそ野を広げる」**ことは横軸の広がりと考えます。言い換えれば、**一般社会へのアピール**。

いくつかの視点が考えられますが、その一つが**地元の方や地元商店街の方とつながること**。（国は「地方の再生」を政策課題に挙げていますから、異業種間のつながりで地域の活性化を謳えば行政は助成金を出しやすい。）演劇という、人を演じる集団は、人と人とをつなぐノウハウにはたけているはず。それを仕事のひとつと位置づけるならお互いがお互いを利用しあい高めあえる関係になれるように思います。

次に行政や教育現場に対して**「演劇は大切な教育」**としての働きかけ。テストの点数での評価、運動能力のあるなしという評価等、限られた物差しだけで子どもの才能を判断するのは未来への大きな損失と感じています。一人一人の多様性を認め、無限に隠れている子どもたちの感性や才能が芽を出せるよう働きかけることが、演劇を観たり個々が表現したりすることで可能になると考えます。

そして、金儲けに主眼を置かない**文化芸術的創造活動に対して国の助成規模の拡大**です。ただ現政府の文化的活動への公的助成も「それらがどう経済効果を発揮するのか、波及効果があるのか、何人の動員を見込めますか。」という、ここでもどうお金が動くかという観点が主たる評価になっているところに大きな問題を感じます。

フランス、韓国、ドイツ、イギリス、アメリカといった諸外国と比べても国民一人当たりへの国からの文化支出額はトップのフランスが約七千円に対して日本は約九百円、因みに隣国の韓国は七千円弱（令和二年［二〇二〇年］文化庁報告書より）。経済主導政策のひずみが、未来に希望を持つ若者が断然少ない日本を生み出しているように感じてなりません。

人形劇団プーク『オッペルと象』（1995年）原作＝宮沢賢治、脚色・演出＝井上幸子、美術＝若林由美子

一方、**創造団体としてのつながり、人形劇団間のつながりを縦軸**として考えます。また、事前交流会で作品を理解し、例会で生の舞台を感じ、事後交流会ではその成果を仲間と共有するという演劇を観るプロともいえる「子ども劇場親子劇場」との連携も縦軸側です。縦軸とは**作品や組織のクオリティーの高さ**を求めることと考えます。

そこでも各人形劇団の創造的こだわりや、劇団といった組織の大きさや小ささ等の多様性を認め合い他劇団や鑑賞団体と交流することで、人形劇界の質的発展が期待できると考えます。

そして今後、**人形劇界全体のデータの集積が大切**です。横と縦のそれぞれのつながりでデータを集積しいてき、大きなデータになれば行政や社会に私たちの活動の有効性を訴える力になると考えます。

●まとめ

肝心なことは、プーク自身の質的向上です。「どうしても見たい」「どうしても子どもたちに見せたい」という作品創造のできる集団になれるかどうかです。五年後に劇団創立百周年を迎えますが、だからといって十年後に存在している保証はどこにもありません。ただ百年近く続いてきた底には、「たとえ、ひとりになっても私はあゆみをやめない。新しい仲間は必ず集まってくる。プークがやろうとするのはそのような人形劇のしごとだ！」という劇団創立者、川尻東次の考えがあります。正々堂々と笑顔で、そして**いつの時代も未来を担う子どもたちが生き生きと過ごせる社会になるよう活動していきます。**

人形劇団 クラルテ

これからの人形劇団クラルテについて考える

藤田光平
人形劇団クラルテ

▼「うおー。」から始まった

「あ～あ……溜め息しか出て来なかった。その度にヘルメットのシールドが曇る。」「不合格……という事実を分かりたくなかった。」「溜め息をつけば事実から逃れられる、と思っていたのかもしれない。」「一方で、この事実がこの数年の人生を否定し、（両親や叔父の反対を押し切り就職していた会社を辞し、この試験に臨んでいた）またこの先の人生？に少なからず悪い影響を及ぼすことの恐怖が秒単位で膨らんでくる。」「アクセルを握る右手に思わず力が入る。」「溜め息が、クソーッと実声に代わり、シールドが真っ白になった次の瞬間、バイクのタイヤが宙に浮いた……。」「仰向けに倒れていると、通りがかった車を下りて助け起こしに来てくれた男が、『兄ちゃん、攻めてんな。』と言った。」「……松葉杖姿で生まれて初めて生の芝居を観に行った。題名は多分『どん底』だったと思う。『落ち込んでんなあ。今のお前にピッタリやん。』と、悪友が譲ってくれたチケットだった。運動も出来ず、勉強する気も起こらなかったから、初観劇は半ば暇潰しのようなものだった……が。」「うおー。うおー。劇場を出る時、ガッツポーズだった。」

……ようだった気がします。私と演劇の出会いです。三十年以上前のことです。人形劇ではないし、タイトルも劇団名も役者もセリフも美術もまるではっきり覚えてないけれど、「うおー。」という感覚だけは覚えてます。クラルテ、というのはフランス語で光という意味があり、人形劇団〝クラルテ〟という名前には、いつの世も人々の心にたとえ小さくとも光を灯すような人形劇を創り届けよう、人形劇で世の中を明るく照らそう、という意味をこめています。「うおー。」もある意味〝光〟でしょう。何といっても、その芝居をきっかけにクラルテに入団したのですから。東日本大震災時、たくさんの応援ソングが生まれましたが、私の好きな歌の歌詞に「希望の光」というフレーズがあります。希望の光……これまでも、これからも、そのような人形劇を創り届けたいものです。

▼コロナ禍で育った子どもたちに

〝これから〟を考えるにあたって、いわゆるコロナ禍と言われる時期が人の心に及ぼす（した）事を無視するわけにはいかない、と思います。私の長女・次女はそれぞれ、専門学校・高校をまるまるこのコロナ禍で過ごしました。緊急事態宣言時は、学校に通うのでなくオンラインの授業です。緊急事態宣言が解除されてもマスクをはじめ様々な制約がありました。私の母が暮らしているX県では、盆暮れの帰省シーズンは、「帰って来るな」で、大好きな祖母にも会えませんでした。彼女たちの過ごした学生生活が彼女たちにとって何だったのか？　……同様に、いやそれ以上にこの時期を過ごした乳幼児、幼児、児童たちのことを考えて行かなければならない、と思います。例えば、他人同士が生活をともにする行為「合宿」、「おとまり会」、「お食事会」などが、「そんな密なこと、トンデモナイ」と否定的なこととされた時期が間違いなくありました。……今も、でしょうか……。今年五十七歳になる私にとっては、「やがて明けるコロナ禍」であるし「やがて元に戻る」という感覚ですが、そこで育った（ている）子どもたち、という目線がいるのかもしれません。言語感覚、と言えば良いのでしょうか、言葉にはその言葉が纏っている豊かな意味があると思います。その意味はリアルな生活……皮膚感覚……に裏打ちされたものであるはずです。その意味や豊かさを今一度捉え直し、表現していく必要がある、と思っています。特に人形劇は、観る人たちの想像力に委ねるところが大きいだけに、しっかりと取り組むべきことだと思っています。

人形劇団クラルテ『～おやゆびひめ～真冬に春がやってきた』（2016年）

▼過去の作品に学ぶ

さて、人形劇団クラルテは一九四八年二月に生まれました。二〇一六年、クラルテが一九六〇年代～一九八〇年代に上演してきた作品を『～おやゆびひめ～真冬に春がやってきた』（原作＝アンデルセン、作＝アレクサンドラ・ブルシティン、上演脚本＝松本則子、演出＝奥洞昇、美術＝永島梨枝子、音楽＝茨木新平、制作＝松澤美保）として仕込む時、翻訳者である渡辺元氏に作品への思いを聞かせていただく機会があり、その時に氏の生い立ちに触れた話の中で、「やっと戦争が終わって……」という言葉が何度も出て来たように記憶しています。戦争を勝ち負けでなく、〝戦争〟そのものを忌み悲しむべきこととして捉える気持が伝わってきました。この作品には、戦争を直接知らない子どもたちや私たちへのそのような氏や当時作品創りに関わった劇団員のメッセージ、と言うか息吹きのようなものが沁みこんでいるのだと思います。これから目指すこと、を考えるにあたって新しいことももちろん大事で、どんどん考えて行きたいですが同時に、過去の作品から学ぶこともたくさんある、と思っています。

▼周年作品の挑戦

人形劇団クラルテの歴史を見ると、私が入団してからの作品には、創立五〇周年作品が『セロ弾きのゴーシュ』（企画＝松本則子、原作＝宮沢賢治、脚本＝吉田清治、演出＝西村和子、人形美術＝永島梨枝子、舞台美術＝西島加寿子、音楽＝一ノ瀬季生）。この作品は劇中の〝金星楽団〟として実際に音楽家の皆さんが人形劇の舞台前（オーケストラピット等）に登場し劇中の音楽を演奏いただくものでした。創立六〇周年作品は『火の鳥〜黎明編』（企画＝三木孝信、原作＝手塚治虫、脚本及び演出＝東口次登、人形美術＝永島梨枝子、舞台美術＝西島加寿子、音楽＝一ノ瀬季生）。この作品は人形劇の舞台横（花道等）に子どもたちで構成された合唱団が登場し、劇中挿入歌を歌っていただくものでした。創立七〇周年作品が『はてしない物語』（企画＝鶴巻靖子　藤田光平、原作＝ミヒャエル・エンデ、脚本＝宮本敦、演出＝東口次登、人形美術＝永島梨枝子、舞台美術＝西島加寿子、音楽＝一ノ瀬季生）。この作品では、プロフェッショナルのダンサーの皆さんが劇中何度も登場して様々にパフォーマンスをしていただくものでした。この三作品はおかげさまで日本各地で上演することが出来ました。

人形劇団クラルテ創立六〇周年作品『火の鳥〜黎明編』（2008 年）

特に前二作は、毎ステージが一期一会の出会いでもありました……楽団や合唱団を上演する地元の方に半年一年かけて結成していただくことが多くありました。毎ステージがドキドキ＆ワクワクでした。それぞれの原作が有する大きくて豊かな世界観がある上に、周年作品において人形劇（演劇）で大事な要素である〝音楽〟や〝所作〟でこのような「挑戦」をし続けて来たことは、クラルテにとって大きな財産です。そしてまた三作品のクラルテの出演者数を見ると、『セロ弾き…』＝二十二名、『火の鳥…』＝二十二名、『はてしない…』＝十八名。そうそうたる数字だと思います。さあそれでは、「これからのクラルテが目指すところは何なのか？」「これから、クラルテはどのような作品創りを目指すのか？」夢は拡がります。ただ一方で、暗い話題もあります。劇団構成員の高齢化が進んでいること、また新しい人材発掘、新入団希望の問い合わせが減少していること、です。事実、上記三作品規模の出演者数の作品創りは難しい、という現状があります。

▼発信力のある言葉を

昨年度は、日本の現代人形劇一〇〇周年でした。その中で人形劇団ク

人形劇団クラルテ創立七〇周年作品『はてしない物語』（2018年）

ラルテは七〇年を超える歴史を有しています。大阪寝屋川の普通の民家から高校生たちを中心に始まった人形劇団クラルテ。私には限界はあるでしょうが、今劇団にある台本を含む文献や写真を通じて当時の創立メンバーの心持ちや活動のことを知ることが出来ます。そして、これから人形劇を志す人々に伝える（べき）こともあります。それはざっくりとですが、人形劇の魅力であり、人形劇団クラルテの魅力です。ただ、これまでは無意識的に人形劇を志す、人形劇に関心のある人たちを対象者として想定していたと思います。これからは明確に、もっと広い対象者、社会全体に人形劇やクラルテの魅力を発信していく必要もあると思っています。そのためにはそのための言葉を持たなければなりません。人形製作や人形操作、演技・演出・美術・制作に関する技術を伝えるための言葉もそうです。が、私がより大切だと思っているのは、「うおー。」ではない、もっと相応しく豊かな世界観に裏打ちされた言葉を持つことです。日本の現代人形劇が一〇一年目を迎え、この先も続いていくことを心から願っています。そのためにも、クラルテはこれまでの作品創りや活動をとおして培ってきたものを豊かな言葉で、これからの人たちに語れるようになれたら良いな、と思っています。人形劇団クラルテの魅力を語り伝えるためには、他劇団や人形劇人のことを広く知る必要もあるでしょう。人形劇の魅力を語り伝えるためには、演劇・芸術全般のことを広く知る必要もあるでしょう。日本の人形劇の魅力を語り伝えるためには、世界の人形劇を広く知る必要もあるでしょう。これらのことは私個人では到底無理です。クラルテだけでも無理でしょう。広く劇団（人形劇団）・劇人（人形劇人）、芸術家の皆さん、そしてそれらに関わる仕事をされている皆さんとともに語り合うことが必要になります。

これからも様々なジャンルの人たちを巻き込んだ作品創りが出来れば、と思います。この文章を読まれた方は、是非人形劇団クラルテに興味をもって語りかけて下されば、と思います。

特集 人形劇——この多様な世界!

人形劇団から

人形劇団 むすび座

これからも、子どもたちの未来を想い続けて

大野正雄
人形劇団むすび座 代表

▼むすび座の歩み

一九六七年、丹下進と田中寛次の二人の若者によってむすび座は東海地区初のプロの人形劇団として創立されました。現在は三十八名の劇団員が力を合わせて、子どもたちに人形劇を届け続けています。

創立当初の「幼児の発達と成長をみつめた人形劇を拡げていきたい」という想いに共感いただいた保育士さんと協力しながら、名古屋市を中心に公演数を増やしていきました。劇団の明るさと情熱に惹かれた若者が入団し団員数が増えてくると「小学校にも人形劇のおもしろさを届けたい」と、教員の皆さんと一緒に、学校での観劇会を創っていきました。日本は高度経済成長期、ベビーブームもあり子どもたちも増加、全国の児童劇団の働きかけに各地でおやこ・子ども劇場も増えていき、そのおかげで日本全国でむすび座の人形劇を観ていただけるようになりました。想いや理想を語れば仲間が集まり、エネルギーが生まれて実現していく、そんな時代だったと聞いています。

▼私とむすび座との出会い

私がむすび座に出会ったのは一九九三年、大学生の時でした。明確な進路希望も持たず、親と先生の言うとおりに大学に進みました。高校時代に頼まれてなんとなくやった自主制作映画の声の出演に、なりきり度の高さを覚えた私は「演劇をやってみようかな」と考えていましたが、演劇サークルの新入生勧誘テーブルの雰囲気が怖くて声がかけられずにいました。そこに人形を高々と掲げながら「人形劇がはじまるよ~!」と楽しそうに行進してきた人形劇部。「あの……」と声をかけたのが人形劇との出会いです。

人形劇団むすび座『悟空誕生』
呉承恩「西遊記」より、脚色=多田徹、演出=関矢幸雄、ステージング=向井十九、美術=増原彬陽(初演 1979 年)

大学時代は授業もそこそこに遊びお酒を呑み、人形劇に没頭していました。毎日楽しく生活していた私でしたが、心の中には「自分はこの先、どう生きていけばよいのか」「何のために生きているのだろう」「自分の生れてきた意味は何だろう」などという悩みがありました。十九歳の夏、

長野県の「飯田人形劇カーニバル」に人形劇部の活動で参加し、人形劇団むすび座の『西遊記』を観ました。不老不死を求める孫悟空に「お前はこのお芝居を観た子どもたちの心の中に生き続けるから、もう不老不死になっているのですよ」と語りかけるお釈迦様。涙が止まりませんでした。そして「自分も人の心に残る生き方がしたい」と強く想いました。二年半、両親との喧嘩と議論の末、私はむすび座に入団しました。

▼丹下さんと関矢先生、そして譚さん

私はむすび座に在籍して三十年になります。創立者である丹下さんのことを知らない団員も半数近くになりました。これはあくまで個人的な感覚ではありますが「むすび座とは」と問われた時、三氏の教えが浮かびます。丹下さん（丹下進氏）のいつもニコニコとした笑顔。本当に人形劇と子どもたちが大好きでやさしい情熱にあふれた方でした。「ボクはね、こうやって人形劇をやっていないと肩が痛くなるんですよ」と「なかよし」の姿勢をとっておられたのを想い出します。私の入団時には「丹下進オフィス」を立ち上げておられ、むすび座は退団されてましたが、演出していただいた時のこだわりの強さと現代人形劇の「型」ともいうべき、動きや間についての繰り返し稽古は忘れられません。「人形劇は美術の演劇ですから、積極的に止まってください」はよく話していただいた言葉です。いつも太陽のように明るく大らかで、人を惹きつける魅力にあふれたお方でした。

人形劇団むすび座『ピノキオ』原作＝C･Collodi、脚色＝麻創けい子、演出＝大野正雄、美術＝福永朝子（初演2011年）

関矢先生（関矢幸雄氏）は私にとって、人生の先生でした。演出である先生が「明日はこんなものを用意しておいてくれよ、じゃ」と帰られ、次の日、指定の道具を作るために徹夜した我々団員に「人はどう生きるべきか」といった話を一時間近く話されます。眠気と闘いながら聞いたのを想い出します。「人と人とが生き合うために演劇はある」「自分の機嫌は自分でとらなきゃ」「役者は社会を、世界を見なきゃいけないよ」「芝居には哲学や思想がなきゃダメだ」「人間関係はバランス感覚が大事」「理解は誤解の始まり」「これからは話術を磨け」「アイデアにも著作権があるよ」「君たちのやってることはすぐに結果は出ない、未来を信じてやんなさい」などなど、たくさんの大切な言葉をいただきました。厳しい中にもユーモアあふれるお話はむすび座団員に大きな影響を与えたと思います。

そして中国から四十八歳にして人形劇の可能性を求めて日本に渡って来られた「中国国家一級演員」の譚志遠氏。「人間の感覚ないは人形も感覚ない！」この人形操作・人形劇における絶対的理論に私は衝撃を受けました。身体感覚はもちろんですが、そこには感情や心、想いや意志なくしては、人形を遣っての表現ができないということ。多くの団員に人形劇の真髄を伝えていただきました。譚氏の教え、私は今も心に刻んでいます。

▼変わりゆく社会をみつめて

私が入団してからの三十年だけをみても、社会はものすごい勢いで変化してきました。世界のパワーバランスが変わり、新たな戦争や紛争が生まれています。インターネット、デジタルツールの普及スピードは凄まじく、とうとう芸術活動・創作活動にも影響を及ぼす「生成ＡＩ」が現れました。日本の子どもたちは習い事や塾、スポーツ少年団などに忙しく、大人は経済的不安に立ち向かうために忙しい毎日を送っています。止まらない少子化。人間関係が希薄になり、地域のコミュニティは崩壊し、ＰＴＡや子ども会も持続が難しく、おやこ・子ども劇場の会員も激減しました。子どもたちを想う大人たちが減少していることは間違いないと思います。そんな中だからこそ、想いを共にする人々が出会い、協働し、足りないものを補い合いながら、子どもたちに生の舞台芸術体験を届ける必要があると感じています。個別の団体で背負い込まず、困っていることを他の劇団仲間やホール職員さんと話し合い助け合っていく。そして地域や自治体の状況にあった形を模索していく時代なのではないかと思います。

▼人形劇は想像力を育む芸術

我々が人形劇の力を信じ、活動を続けるのは「子どもたちに人間として大切なことを感じながら大人になり、やさしくあたたかな社会を築いていく存在となってほしい」との願いがあるからです。楽しい・嬉しい・おもしろいなど幸せな気持ちも大切ですが、悲しい・切ない・怒りを覚えるなど、人間の中にある様々な感情を知り、共感する力が大切と考えます。人形という表情のないモノに心や感情を想像する営みが人形劇。想像力は人を思い遣る力であり、自らの人生を切り拓く力でもあります。「想像力を育む芸術」である人形劇には、目に見えない力がある。何十年かが経った未来に、私たちの人形劇がなんらかの影響を与えてくれていたら嬉しいなと思っています。

▼まもなく六〇周年！

むすび座は、幼稚園教諭・保育士・小学校教職員・おやこ・子ども劇場の皆さんに信頼されて公演活動を拡げてきましたが、不定期的に中高生や大人向けの作品も創作してきました。もちろん乳児向け作品も上演しています。ジャッキー・チャン氏との出会いから、新たなベイビープロジェクトが立ち上がっています。劇団の性質上、ゆっくり丁寧に取り組むので少し時間はかかりますが、脳科学的見地からのアプローチによるジャッキー氏との人形劇共同製作にご期待いただきたいと思います。またまもなく迎える六〇周年に向けて準備も始まります。五〇周年では丹下進の「花を咲かせる力で戦争を止めるお話があってね。私はいつか人形劇にしたいと思ってるんですよ」という言葉に共感した団員たちの想いから『チト～みどりのゆびを持つ少年～』が生まれました。若手もベテランも劇団員みんなで語り合い、議論し何かを生み出していくのがむすび座のよいところだと思います。六〇周年、皆さんにもお祝いしていただけたら嬉しいです。

▼むすび座ならではの人形劇を上演するために

遣い手自身が人形を操作し台詞を発しドラマを演じること、人形の足遣いにこだわることの他にも、身体表現やオブジェを遣った表現がむすび座の人形劇の特徴だと思っています。演出家が要求する多様な表現方法を実現するためにも俳優の訓練は必要であり、クラシックバレエや体技（マット運動）などもやっていました。現在は不定期ではありますが「台詞」「声楽」「ダンス」を基本レッスンとして位置付けています。その他にも作品に必要であれば、パントマイム・ジャグリング・ダンス・太

人形劇団むすび座『チト～みどりのゆびを持つ少年～』原作＝M・DRUON、脚色＝篠原久美子、演出＝福永朝子、美術＝宮武史郎ほか（初演 2017 年）

人形劇団むすび座『おまえうまそうだな』原作＝宮西達也、脚色＝大野正雄、演出＝いわいだひろえ、美術＝工房太郎（初演 2007 年）

鼓・歌唱などの指導も外部講師を招いて稽古しています。日本の人形劇界は俳優養成システムがなく、劇団まかせになっていることは問題視していますが、俳優として舞台に立つ基礎訓練は必要と考え、財政状況がゆるす限り劇団で保障していきたいと思います。他にも劇団員が講師となり遊びのレッスンを自主的に行ったり、入団するとお手玉を練習するのも伝統になっています。団員それぞれ、個性や能力が違いますが、それこそにおもしろみを感じます。また三人遣いに象徴されるチームワークのよさとアンサンブルのおもしろさにこだわり続けていきたいと考えています。

▼むすび座の目指すもの

五十七年という歴史の中で培われてきたむすび座の信念や想い、むすび座ならではの技術や表現手法の継承。大劇団にしかできない大型人形劇の創作継続と上演機会の発掘。そして何より若い世代の自主的な創造性発揮が劇団の課題だと思っています。近年の児演協（日本児童・青少年演劇劇団協同組合）・全人協（全国専門人形劇団協議会）ワークショップなどでは多くの学びの機会をいただき、本当に感謝しております。若い世代にはそれらの学びや経験を礎にして、これからの子どもたちの未来を想いながら作品創造を行っていってほしい、表現欲求・創造欲求にあふれた活動を期待しています。そして個性的な団員みんなで新たな人形劇芸術を追求し、時代をみつめたメッセージあふれる作品を創造していきたいと考えています。

海外フェスからの上演依頼も多くあります。劇団のスケジュール等の事情でよいお返事ができない場合もあるのですが、劇団員として多くの学びがあるので、機会を創っていけたらと思っています。

「人と人とをむすびます。心と心をむすびます」が合言葉。これからもたくさんの人々とつながり、むすびあいながら、子どもたちはもちろん大人も含めた「人間が感動できる人形劇」を届け続けたいと考えています。これからも人形劇団むすび座をどうぞよろしくお願いいたします！

人形劇団 ポポロ

現在そしてこれから

山根起己
人形劇団ポポロ

二〇二〇年から二〇二三年まで、社会情勢不安と共に三年以上の歳月を新型コロナに翻弄されながら、明けない霧の中を歩いていた。その中で一つだけ確かになったこと、希望と空想に限界はないということだった。昨年五月に漸く形骸化された新型コロナ騒動、様々なところで問題や課題を想起させた病原菌だが、未だに終息していない。あくまで社会が受け入れ収束しただけのことである。

現在の状況

どこも似たようなもので、現在ポポロでも慢性的に人材不足となっている。それを補うには財政的な支えも乏しい。しかし、演者が足りないと公演が増やせず、結局のところ財政的な面が厳しくなる。当然、新人が入って舞台に立つまでの間は育成期間となり、いうなれば初期投資期間といったところだろうか。日常的に活動している人形劇団としてはさほど珍しくないが、ポポロでは基本的に月給制をとっており、一般的な会社として社会保険や各種保険にも加入している。そのほか、給与形態は個人の希望により、ある程度融通を利かせることもしている。例えば、ギャラ制での出演から、時給による雇用まで様々である。支出と雇用の関係性が、絶妙なバランスを保っている間は然して問題にならないのだが、近年は四月〜六月の仕事量が減少しており、この期間を支えるには前年度末までの収入があって成り立つ。他の劇団に話を聞くと、この期間は再演作品や新作の稽古。また制作営業に力を注ぐといった劇団内の充実を図っており、この実入りが薄い期間は私たちも同じような期間として位置付けている。また、夏に開催する公演の準備期間にもなっている。

創造の空間

私の劇団は数十人が集うような大劇団と呼ばれる団体ではなく、十人に満たない劇団員と嘱託として年数回しか参加しない方々を頼りに、騒動が起こるまでは年間二百六十ステージ前後の活動によって、何とか給料制を保ってきた弱小劇団であり、幼保公演用の小作品においては、ほとんどの作品が劇団員の手によって作られている。例えば人形美術製作

人形劇団ポポロの人形たち

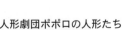

や衣装、舞台セット・小道具に至るまで自前で製作することが多く、更には脚色・演出・音楽などもそれぞれの班で完結することが通常である。それに対して大小ホールで公演する作品においては、往々にして外部発注をかける。稽古場と作業場が同一であり、大型作品の制作に必要なスペースがないといった事情が大きく、ひとたび何らかの作業に入ると、ある一定の期間は稽古場で稽古が出来なくなるので、やむを得ずどこか公共のスペースを借りて稽古することになる。これは小さい劇団ゆえの悩みだろう。

もう一つ、場所が絡む悩みと言えば、これまで借用してきた近隣の倉庫（車で五分程度）が閉鎖となり、劇団横の波板張りの簡易倉庫と離れた倉庫（車で一時間弱程度）のみになってしまい、荷替えを簡単に出来なくなってしまった。前述でも触れたが、幼保公演を主として活動しており、公演が多い時期になると班によっては一週間に四回～五回荷替えをして、翌日の公演に臨むことになる。これは使用している車両の大きさにもよるが、旅公演でもない限りは二作品以上を積載することはない。そのため、限られたスペース（この場合劇団の稽古場や劇団横の波板張りの簡易倉庫（略称・簡易倉庫））を何とか工夫して、活動している。

人形劇団ポポロ『ルドルフとイッパイアッテナ』（初演 2015 年）原作＝斉藤洋、脚色＝くすのき燕・大沢愛、演出＝くすのき燕、人形美術＝松本真知子

また、修復作業予定のある舞台セットや小道具、そのほか照明・音響の機材やケーブル、ポール類などは劇団内の空きスペースを作り、そこへ置かれる。因みに、以前は劇団の屋根裏にも古い作品のセットや材料が詰められていたが、無駄な物を整理した結果、着ぐるみ数体と等身大の人形数体、スチロールやウレタンなどの材料、未使用機材や年一回使用する看板三枚、といった程度を残し片付けた。これによって何とか日常活動を支える小作品が離れた倉庫に行かずに済んだ。スペースを設けるのに苦労した分、スペースの大切さを知ることになった。それでも毎年増え続ける作品、断捨離には毎度のことながら四苦八苦する日々が続く。

●特色と創作

もちろん、創造環境をおいて語ることは出来ないが、そこに所属する演者たちの思想や形式、経験した作品で形作られる。これからは、そこに捉われない「想像力」の融合が更なる団体色となるよう推進したい。そもそも舞台芸術はより多くの人間の力が結集し融合することで、より玄奥で煌めく瞬間を創造していくものだ。中でも、演じる者の表現力が観客に伝える最終的な役割とするならば、そこに至るまで多くの思考の〝光〟を受け渡しながら作品は成長していく。制作企画、脚色から演出へ、演出から舞台美術や人形美術、装置、音楽、照明、音響、衣装など、感性が必要な役割を担う人たちへ、発想と熟慮が求められる。総じてロジックの無い作品ほど、心に響かないどころか、演者の意欲を削いでしまい、観客への享受が叶わない。細部に至る製作過程を共有し、それぞれの意見を参考に創っている作品は、二人～三人編成の出演作品であれば比較的容易だが、関係する者が多数となれば、それだけ思索に時間が掛かるが、より熟成し伝える力が育まれる。また、一義的に捉えられる作品でも多義的な解釈を観客に委ねる作りが、作品力に厚みが増す。

上演先で毎回アンケートを実施している。これは作品を選定してくれた大人が、上演中に子どもたちの反応をどのように受け止め解釈したのか、そういった情報参考に作品のブラッシュアップに繋げると共に、次に創作する作品意欲に大変役立つ。劇団として届けたい作品、依頼する側が届けて欲しい作品、そして子どもたちが感動できる作品を創り続けたい。

●言葉と人形

子どもたちに伝えるための言葉、それは一つの手段として、また重要なポイントとして捉えている。声色やイントネーション、発声によって操作する人形のキャラクターのニュアンスを、最大限に引き出している。演じるキャラクターを俯瞰することは人形劇も演劇と同様だが、自身が作品のキャラクター化をするのではなく、操作するモノをキャラクター化して作り上げる。無論、操作するモノが人物であったり、何らかの物体であったり、見た目の印象はある。そこに操者の「声」や「動作」でどのような性格のキャラクターなのかを表現する。これが基本的なポポロのスタイルであり、更に追及し成熟させていきたい。小さい幼保向けの作品、そのほとんどに「ポエム・ポエム」という歌でつづる人形劇と題して、音楽にのせて動きで楽しめる作品を前半の導入部分で行っている。所謂ノンバーバルに近いもので、年齢の低い子どもたちへ向けた感覚的な刺激を届けている。この部分だけを、0・1・2歳児向けとして依頼を受けることが少なからずある。ポポロでは、このような工夫をしている。

●技術の進歩

舞台をより鮮明に豊かに魅せることは、音と光による効果その技術を活かすことであり、どのような規模の舞台でも照明と音響は欠かせない。そのどちらか、または一方が無い芝居を観ると個人的には簡素感と物足りなさを感じてしまう。ほかの劇団の作品で無くても成立している作品、感動できる作品がたくさんあるのは重々承知しているが、要するにどんなに小さな芝居でも、出来る限り設備の整ったホールで観るのと遜色ない舞台を届けたい、といった気持ちを常に持っているからだろう。そこには最新とまではいかないが、観客が舞台を通じて進歩してきた技術を感じる機会とも捉えているためだ。

音響がデジタル化され、オープンリールを回していた頃からすると各段に進歩してきた。一般的になるまで、それこそ高額な機材を使用してきた訳だが、現在では比較的に安価で高音質の機材が手に入るし、スマートフォンで再生することも可能だ。音質、信頼性、堅牢性においては業務用機材に勝るものはないが、音響スタッフが居ればパソコンでポン出し再生も可能だ。もっと軽量で簡易な方法がある。普段の公演では使用しない（操作性優先のため）が、海外公演の際に操作室で照明と音響をオペレートしなければならないことがあった時、事前資料から調光卓上にほとんどスペースがなく、パソコンすら置けないことから、音源をタブレットでポン出しした。確かに操作性は悪いので、舞台を踏みながら音を出すことは憚られる。あとはデジタルアンプの音質と信頼性が上がれば、重い機材の軽量化が進みそうだ。

照明も音響よりは時間が掛かったが、ＬＥＤやＤＭＸが一般的になり軽量で簡易な機材が増えた。当初は調光が「チラつく」「色が気に入らない」「光量が足りない」「壊れやすい」など、ネガティブな意見が多かった。しかし、「熱」「省電力」「重量ケーブルの排除」「ワイヤレス化」といった利点に加え、安価で手に入れやすく、使用時間が何倍にも伸びた「電球」によりコスト面が非常に楽になった結果、劇団でも導入するに至った。とはいえホールや体育館の公演では、色合いと使い勝手から、今でも５００ｗの凸スポットは現役で使用している。小型化されたムービングも小スペース会場で使用しているが、いま切望しているのは凸スポットの小型化である。更に、小型プロジェクターを使用した作品も検討したい。

時代と共感

拠点 - 人 - 作品、音楽 - 美術 - 技術、それぞれが今の作品創造に必要不可欠であり、観客と向き合う上で進化し続けなければならない。

特に急激な変化は望んでいないが、その時代の子どもたちに合致した作品を創作していく。そこには、未来を担う子どもたちが経験する貴重な瞬間を、舞台を通じて一緒に夢中になって過ごし、共に舞台を創っていく。しっかりと反応を捉え、心で交流を積み重ねる時間がそこにある。そして膨らんでいく創造を、次の世代へ更に大きく育て届けることを願ってやまない。

最後に、頻度は少ないと思うが大人も楽しめる作品創作への想いも大切にしていきたい。

人形劇団ポポロ『鬼ひめ哀話』原作＝さねとうあきら「おにひめさま」、脚色・演出・出演＝山根宏章、美術＝松本真知子（初演 1990 年）

人形劇団ポポロ『おしゃべりなたまごやき』原作＝寺村輝夫、脚色・演出＝山根宏章、美術＝松本真知子（初演 2018 年）

人形劇団ポポロ『どうぞのいす』原作＝香山良子、演出・音楽＝山根起己、脚色・美術＝川野芽久美（初演2015年）

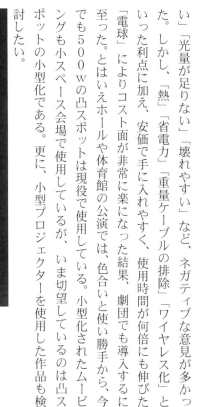

特集 人形劇――この多様な世界!

人形劇団から

人形劇団 京芸

人形劇団京芸がこれから目指すところ

清水正年
人形劇団京芸 代表

人手が足りない!

人形劇団京芸が、これからどこを目指せば良いのか? 複雑に絡み合った問題の糸をどこからほぐせば良いのか? 一つひとつ整理してみようと思う。

京芸のあらゆる部署で、一番の問題点として挙がるのが〝人手不足〟である。年間を通じて、あらゆる事柄に対処するために色んな部署を設けているが、一人の劇団員がいくつもの部署を受け持っていてチョー大変!! しかも、制作部員がこの十年程の間で八名抜けた。

現在は、六名の制作部員がいるが「正劇団員」は不在である。定年退職後も嘱託劇団員として残ってくれている者が二名。本業を定年退職後、嘱託として加入してくれた者が一名。出産のため退職という形で役者を降板し、嘱託契約で制作の仕事をしてくれている者が一名。この四月から制作部員として入団してくれた者一名と、同じく四月からアルバイトとして手伝ってくれている者一名の計六名である。新入団員は三年間は「準劇団員」なので、制作部員の中には「正劇団員」は一人もいないのである。その六名に担ってもらえるだけ担ってもらい、手が回らない部分を演技部員の役者たちが担っているのが現状である。

役者たちは本来ならば、公演業務以外の時間は役者としてのスキルアップのため、レッスンやワークショップを受けたり、舞台・音楽・映画・本、その他あらゆる物に興味を持って、とにかくインプットに専念できることが理想なのだが、前述の通り制作的な仕事や、様々な会議・運営で手一杯になってしまい、役者としての時間を圧倒的に奪ってしまっているのは本当に良くないことだと思っている。制作部員にしても同じことで、もっと正劇団員がいれば、営業・マネジメント業をしっかり分担し、その傍ら「次はどんな企画で打って出ようか?」「次はどんな仕掛けで『アッ!』と言わせてやろうか?」と夢一杯の部署のはずなのだが、日々の業務に忙殺されてしまっている。よく踏ん張ってくれていると思う。早く何とかせねば!

演技部員にしても、制作部員にしても、もっと人材を確保したいと思うのだが、そのための人件費をどうやって捻出するのか? 事業体としては、もっと効率化を目指さないといけないと思うが、こと作品づくりの現場において〝創造〟と〝効率〟という二つの言葉が、どうもしっくりと馴染まないのである。〝創造〟には、かけられる限り時間をかけたい。結果、コスパがどんどん悪くなり、自分たちの人件費を削って作品

人形劇団京芸『あっちこっちサバンナ』原作＝斉藤洋(あかね書房刊)、演出＝くすのき燕(人形芝居燕屋)、美術＝吉田貴志（ヨシダ人形劇）（初演 2019 年）

づくりに没頭していくことになる。作っている間は、それは楽しくて仕方ないのだが、劇団員たちが家族を持ち、しっかり生活していくとなると、やはりこのままではいけないと思う。

コロナ禍を経て

そんな中でコロナ禍の経験は、我々に新たな局面を突きつけてきた。まず、創立七十五周年になる京芸は、これまでもあらゆる困難にぶつかっても、その都度何とか乗り越えて来たので、何となく劇団はなくならないものと思い込んでいた。しかし、コロナに直面してその思いは吹っ飛んだ。「劇団が潰れるかも」初めてそう思った。その後の劇団活動も、いつまで続けられるか分からない。劇団を解散することになる収益減少のデッドラインというものを総会で厳しく確認し合い、そうならないように一年一年活動を続けている。

当初は〝不要不急〟と言われた我々の活動だったが、奇しくも二年・三年と、生の舞台芸術鑑賞を取りやめたことにより、小学校や幼稚園・保育園の現場の先生方から「生の舞台が子どもたちには本当に必要だということが分かった」という声をたくさん聞いた。これは我々〝生の舞台〟に携わる者への追い風なのかもしれない。コロナ禍で、人が集まって何かをするということが不可能になった時、リモートワークや数々の映像・デジタルコンテンツが席巻した。しかし一方で、一堂に会して観る〝生の舞台〟の魅力は一層輝きを増していると言っても良い。確信が持てたところで、我々が目指す方向がはっきりしてきたと思う。今こそ、生の舞台の強味を最大限に発揮する時なのである。

ここで「はて？」と、自問してしまう。〝新しい事業を立ち上げる〟とか、〝映像コンテンツに移行する〟とかではなく〝生の舞台にこだわる〟というのは、これまでと同じ路線である。では、どうしようか？確信を持ったのだからズンズン進めば良いのである。「この道で良いのかな？」「他にもう少し良い道があるんじゃないか？」と思いながら進むのと、〝ズンズン進む〟のは明らかに違う。ズンズン進もう。

人形劇の裾野を広げる

ここでもうひとつ別の問題がある。生の舞台の良さを知ってくれている人は、きっと待っていてくれていることと思う。しかし、そうではない人にどう働きかけるか？である。人形劇は〝マイナーでディープな良さがある〟と思っている。その良さは守りながらも、もっともっと新しい観客を獲得していかないと未来はないと思う。幼児・子どもに圧倒的な強味を持っていることは揺るぎない事実だが、その子どもを劇場へと連れて来る大人に、どれだけ認知させていくのか？　一度見てもらえば虜にする確信はあるのだから、どんどん露出していくしかないのである。

小学校の現場でも、「人形劇は幼児のもの」「人形は小さくて後ろまで見えないでしょう」という認識の先生が結構いらっしゃって、遣っている人形を持っていくと「こんなに大きいの!?」とビックリされる。世間一般的にもその認識はかなり強いと思うので、早くその認識を一掃してしまいたい。それには、劇場や人形展のギャラリーで待っているだけでは、ほんの一部の人にしか伝わらない。新聞・テレビ・SNS等、あらゆるメディアに露出することと同時に、どんな話題性を提供できるか？ということも大事になってくるだろう。造形的インパクトに加えて作品の魅力、その作品に携わるスタッフのバックグラウンドのドラマ等々。そして、個々の劇団でやれることの限界もあるとは思う。各地の演劇祭やフェスは多様性を生み出すことで、個々の劇団の力では到底及ばないパワーが生まれる。そうやって、人形劇というジャンルの裾野を広げることがとても重要な要素である。

かつては「社会人サークル」「学生サークル」「ママさんサークル」がそれぞれ活発に活動していて活気に溢れていたように思う。景気の低迷も要因の一つかもしれないが、何だってできちゃう学生時代のサークルで〝人形劇離れ〟が起きていることは、とても由々しきことだと思う。若者をはじめ、大人世代に向けた取組みの大切さを再認識する必要がある。

「やりたい！」に挑戦

考えてみれば京芸は、もう二十年近く大人向けの作品を作っていない。それまでは、『人形寄席』と銘打って風刺の利いた大人向けのオムニバス公演を、毎年のようにホールで打っていた。その後も、『人形桟敷』と銘打って大人向けのオムニバス公演をアトリエで打ったりもしていた。そんな風な、労力をかけた大きな興行を打たなくなってからも、京都人形劇センター主催の『たいよー劇場』（プロもアマチュアも一緒に「見たいよー」「やりたいよー」と開催するミニフェス）で、意欲的な作品を発表したり、『たいよー劇場』プロデュースでジャンルを越えた異色のコラボ作品が生まれたりもした。団内では『なんでも発表会』という名で、誰かが発作的に「やる！」と言った時に〝この指とまれ〟式に何人かが人形劇だけにこだわらず何でも発表する催しが年に数回行われた。アトリエで密かに行っていたが、すぐに後援会や人形劇センターの人たちのお楽しみの企画になっていった。ここ二年程のあいだは、コロナということもあったが、本当に内々だけで、ほんの思いつきのアイデアを気軽に試したりできる場として、極力敷居を下げた『やりたがりショータイム』というのをやっている。始業前の一時間とか、昼休み中の開催とか、少しの時間にゲリラ的に行われるが、去年の前半は月一で開催され、毎回七組八組ものエントリーがあり、盛り上がりを見せている。

「わくわく」を多くの観客に

こうやって振り返ってみると、劇団員たちは常に何かを発信していて、貪欲に〝わくわく〟を求めていることが分かる。この〝わくわく〟を、どれだけ多くの人に伝えていけるか？ということに尽きるのではないか？〝公演を多くの観客に届ける〟ということに加えて、劇団の中で生まれるあらゆる〝わくわく〟を余すことなく発信していく。そしてそれは、劇団員だけではなく、一緒に面白がってくれる多くの人たちを巻き込んで、お祭りのように広げていく。そのことが一番大切なことなのではないか？　日々の業務に追われる中でも些細なことを面白がり、ワイワイ楽しんでいれば「何なに？」「よせて!!」と人が集まってくる。そして、どんどんと人の輪が広がって担い手が増えていけば、一人ひとりの負担が軽くなって息長く楽しく活動していける。そんな未来を見据えて日々の業務を楽しんでいけたらと思う。

というわけで、人形劇団京芸は「制作部員」「演技部員」を絶賛募集中です。毎日、ワイワイ言いながら人形劇をつくり、育て、広めていきながら〝わくわく〟を一緒に味わいませんか!?応募をお待ちしてまーす!!

人形劇団京芸『とどろヶ淵のメッケ』原作＝富安陽子(佼成出版社刊)、脚色・演出＝北村直樹(人形芝居ひつじのカンパニー)、美術＝清水正年（初演 2018 年）

人形劇団京芸『だめだめすいか』原作＝白土あつこ(ひさかたチャイルド刊)、演出＝本倍 良、美術＝しみずちか(パペット工房 Gokko)（初演 2024 年）

●インタビュー

自分史としての児童・青少年演劇 27

人形劇団クラルテ 西村和子さんに聞く

聞き手・構成――石坂慎二（公社）日本児童青少年演劇協会

▼大阪の人形劇団クラルテで六十余年。学校公演、おやこ劇場の【地域公演】、最近ではベイビーシアターと、子どもと人形劇の出会いの場を広げる最前線に立ち、俳優として、また脚本家・演出家として活躍を続ける西村和子さんに、歩みと思いを語っていただいた。

◆「無駄ではない一年」のおかげで

―― 小さい頃は、どういうお子さんでしたか。

西村 銀行員の父と専業主婦の母。そして七つ上の姉、四つ上の兄。私は、末っ子として生まれました。

当時の父の転勤先は名古屋で、家の近くに東山動物園があり、休みのたびに子どもたちを連れて通ったそうです。私の動物好きの原点かもしれません。また父は寝る前に必ずお話をしてくれたそうです。昔話だったり、でたらめの作り話だったり。残念ながらどちらも私の記憶にはありません。父は私の二歳の時、飛行機事故でなくなりました。昭和十七年（一九四二年）です。

当時の住まいは東京でしたが、戦争が始まり空襲警報で防空壕を出たり入ったり、東京には安全な場所はなく、昭和二十年三月に父の郷里の滋賀県の近江八幡に家族で疎開しました。八月に終戦。二か月前の六月に家が焼け、もう東京に帰る事はありませんでした。

東京にいるころ私は、夜中に起こされて防空壕出たり入ったりが原因で、風邪をこじらせて小児結核にかかり、小学校を一年浪人しました。外で友達と遊べず、いとこが貸してくれた古本を読んだり、空想を巡らして一人遊びでした。病というのは幼少でも、誰かに代わってもらえるものでなく、自分が引き受け自分との戦いです。今思うと決して無駄ではない1年だったなぁと思います。

―― この「無駄ではない一年」が、西村さんを創ってくれたのかもしれませんね。

◆短大時代に人形劇を上演

西村　小康を得た後は、目一杯自然の中で遊びました。れんげ畑で仔犬のように転げ回って遊んだり、里山に秘密の基地を作ったり。父の実家が造り酒屋だったので、子どもの背丈の三倍もある酒樽が並ぶ薄暗い酒蔵で、かくれんぼをしたり遊びにはことかきませんでした。

　文化的な環境といえば、新旧の映画館が二館ありました。古いほうは外に音声が漏れるので、立ち聞きして映像を想像しました。新館は当時一斉風靡した『君の名は』。大人に混じって見ていました。

　生のお芝居は、一度だけドサまわりの田舎芝居がきましたね。観てきて家族の前で再現。

　小さな田舎町でのイベントは大相撲の巡業であろうが、サーカスであろうが、全て情報キャッチして行っていたような気がします。飢えていたのだと思います。

　秀逸なのは、この地にゆかりのあるチェンバロ奏者の小林道夫さんのコンサートで、天にも昇るおもいでした。普通の家にはテレビもなかった時代です。

　人形劇は夏休みに、大学生が神社の境内でやっているのを観たのが初めてです。中身は何も覚えていませんが、使い古したボロボロのウサギが前に垂れる耳がじゃまで跳ね上げ、跳ね上げ演技していたのを、何とかならんもんかと観ていたのだけを思い出します。それでも非日常の一コマは、友達と肩を寄せ合って、笑い合った感触が蘇ります。

——そして中学・高校へ……。

西村　地元の中学・高校へと進みました。演劇部などなく、もっぱら卓球とかテニスとかスポーツ三昧でした　サイクリングやキャンプと健康的な青春時代です。

——さらに、短大へと進みます。

西村　子どもが好きと言うより、一緒に遊びたいと思って、短大の保育科に入りました。

　人形劇サークルがあったので、早速入部しました。ひとみ座の台本から『お馬に化けたき

人形劇団クラルテの事務所で（2008年ころ）

西村和子さん 略歴 ［にしむら・かずこ］

・1939年12月　名古屋生まれ
・1941年　東京に移住
・1945年　滋賀県近江八幡に疎開
・1959年　滋賀県立短大保育科入学
・1961年　人形劇団クラルテ入団
・1985年　「全児演賞 奨励賞」受賞
・1996年　第12回「O夫人児童青少年演劇賞」受賞

〈主な出演作品〉
セロ弾きのゴーシュ／狐ライネケの裁判／女殺油地獄／出世景清／ハムレット／火の鳥／他

〈主な演出作品〉
うーぬーぐーヌーがきた／セロ弾きのゴーシュ／モンゴルの白い馬／しろくまくんどこえ／おーいペンギンさーん／他　小品多数

〈主な脚色作品〉
ドリトル先生のサーカス／鬼の贈り物／こぶたのかくれんぼ／他

〈主な原作〉
でっかいおみやげ／モンもとバンボはいつもいっしょ

つねどん』（須田輪太郎作）で、厚かましく主役をやっていました。

◆人形劇団クラルテに入団

西村　子どもの頃に神社で観たように、私たちも夏休みに地方回りをしました。それはそれで楽しかったのですが、何か物足りない。
　授業で保育園や幼稚園に実習に行きましたが、このまま先生になるのはなぜかぴったり来ない。そんな時にクラルテに出会いました。

――いよいよ、人形劇団クラルテとの出会いですね。

西村　初めてクラルテのアトリエをたずねたとき、車も通れないような路地裏の潰れかけた民家でした。一歩入ると、天井からぶら下がった人形たち。その下で「清《せい》ちゃん（吉田清治）」が人形を彫っていました。とたんに〝あっ私、ここに入る〟と感じました。

――そして、クラルテに入団します。

西村　一九六一年です。その時クラルテでは、女性が一人たまたま退団したこともあり、家族の猛反対を押し切って入団しました。
　我が家は全然裕福ではなかったので、卒業後は当然自立が求められます。人形劇などで食べて行けるのか、痩せ細って帰ってくるのが目に見えていると、家族は心配しましたが、なぜかまるまる太って元気はつらつ。劇団では餓死した人はいませんでしたよ。
　当時、劇団員は総勢十四名。「せんちゃん（芳川雅勇）」・「清ちゃん（吉田）」・「はっちゃん（宮坂暉男）」の三名の創立からのメンバーが、それぞれの立場で劇団を牽引しておりました。「まっちゃん（松本則子）」は、実は私の四年後輩ですが、いつの間にか追い越して、前を走っておりましたね。

――そうですか、「まっちゃん」が四年も後輩とは知りませんでした。西村さんはいつも謙虚で、「まっちゃん」はエラそうにしていたから。「まっちゃん」といえば、最初に出会ったのが劇団のトラックの運転手。へき地の山道で対向車の運転手に、怒鳴りつけていたことを思い出します。

西村　当時は〈学校公演〉が主流で、公演班は一班のみ。すぐに班メンバーに参加して役をいただきました。『僕らのエルダーは世界一』の母豚役。続いてクラルテ創立十五周年の記念公演『おらが嫁っこ』の嫁っこ。『真冬に春がやってきた』の娘と野ねずみのおばさん。
　『真冬…』はモスクワの人形劇場の作品で、当時小学校の先生で、ロシア語を勉強中の渡辺先生の翻訳です。明確なテーマを押し付けではなく、楽しくファンタジックに共感できる作品でした。ホリゾントいっぱい（とも思える）でっかい太陽が出て来て、雪の原での親指ちゃんと椋鳥の温かい絆に感動して、ホロリと涙を流すシーンは圧巻でした。『真冬…』は再演再再演と何度もクラルテの舞台に上がっています。

◆近松門左衛門作品の主役に

――そして、いよいよ近松門左衛門作品です。

西村　一九七五年がクラルテ創立二十五周年。その五年前です。吉田清治が近松没、二五〇年と重なることを突き止め「大阪の劇団が近松をやらないということはない。今から五年かけて準備をしよう」と提案しました。
　五年はあっという間に過ぎ、私は何も出来ていないまま『女殺油地獄』に挑みました。
　当時の書き残した資料がでてきたので一部ここに記します。「五年経っても近松さんはますます遠い存在になり。台本の漢字が読めない、意味がわからない、人物の理解ができない、大阪弁が喋れない、ドロドロした人間関係、複雑な感情、リアルな仕草など、難問山積。」「おまけに劇団財政は苦しく、公演を打つか給料を出すか、けんけんがくがくの劇団会議、そして武士はくわねど……じゃないが、果敢にも創造に自分たちの未来を懸けた」。
　うーん、そうだったなと思い出します。当時

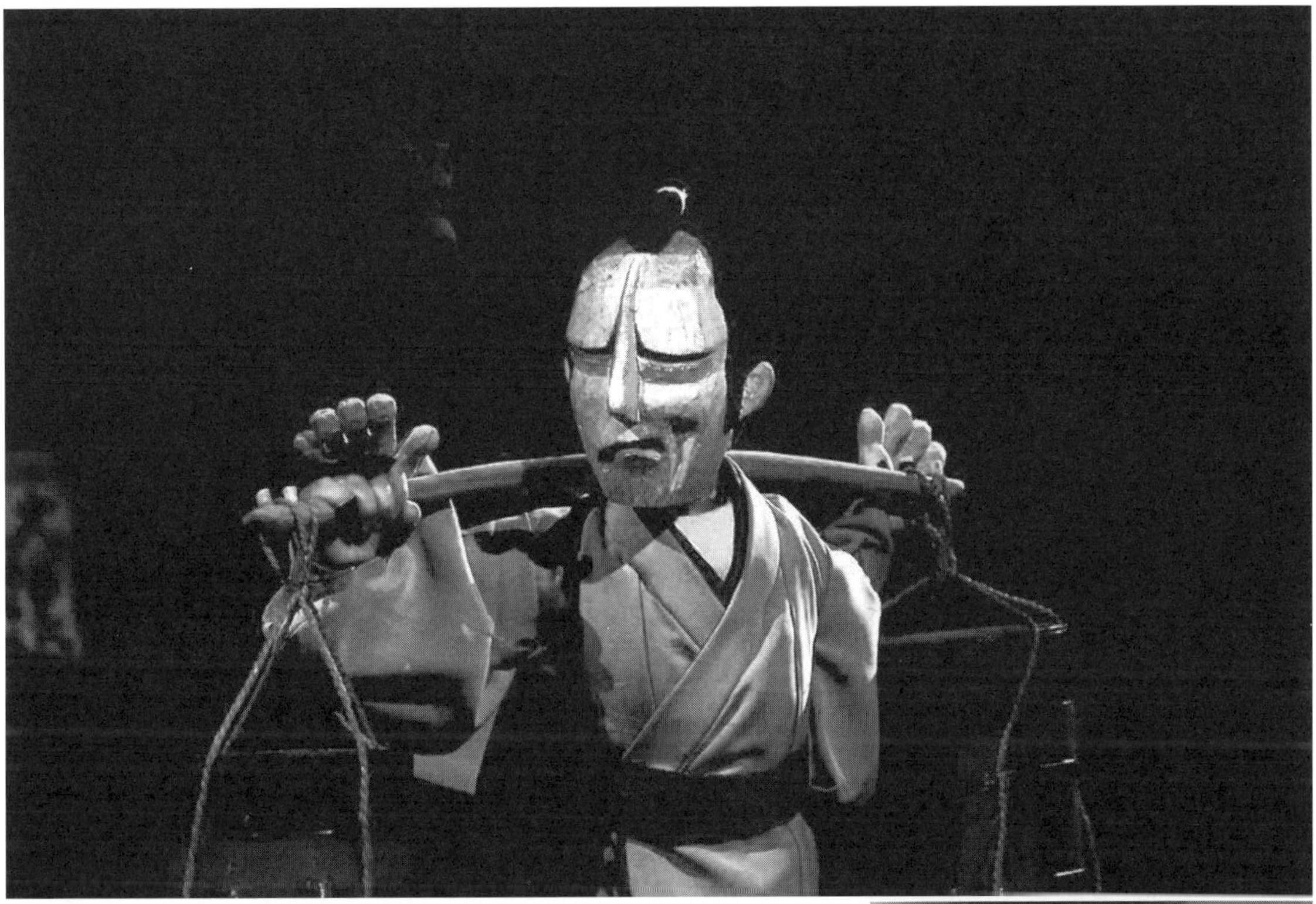

人形劇団クラルテ『女殺油地獄』原作＝近松門左衛門、脚色・人形美術＝吉田清治
（写真は2019年の上演、潤色・演出＝ふじたあさや）

人形劇団クラルテ『関八州繋馬』原作＝近松門左衛門、
脚色・演出・人形美術＝吉田清治（1987年）

世間は「豚や狼が活躍する人形劇のクラルテが近松？」と概ねひややかでした。が、結果は大反響で多くの方が共感くださって、新聞各紙がこぞって批評を書きました。

――西村さんは与兵衛役。私は六本木の俳優座劇場で一九七四年に観ました。

西村　当時の劇団の男優不足で図らずも、主人公の河内屋与兵衛をやらせてもらいました。世間の高評価を我がことと勘違いし良い気になったのですが、いやいや与兵衛は近松の創造した人物であり、吉田清治のあのマスク（人形）のなせる技なので、私が創造したものはどこにあるのかと愕然とした、私の役者人生最大のエポックです。

　以後近松は『出世景清』『平家女御島』と続き『ＴＥＮ・ＡＭＩ』まで十四作品上演しています。人形劇界で〈近松のクラルテ〉と言われる所以でしょうか。

　小さい人たちとの出会いをより豊かなものにするためにも、大人の人たちとの出会いも欠かせません。

◆〈学校公演〉は絶対に必要!!

西村　学校公演が活動の主流でした。一週間の月火水木金、土曜が入る事もありました。児童数が多く一日三回公演もありました。各学校の体育館に舞台を組むので、朝は朝星、夜は夜星の生活でした。子どもたちも元気で「観て!!」と戦っているような公演もありました。

　学校公演班の二班のうち一班は大阪を離れ、近郊の山あいの学校にもいきました。車にナビなどない時代です。山道に迷ってなかなか辿り着けず、夕方近くやっと学校に着くと、子どもたちがランドセルを背負って帰り支度の姿で並んで座って待っていてくれました。校長先生がまず校長室でお茶会を、と言われるのをとんでもございませんと、大急ぎで設営し無事公演できました。

　中移動もありました。一日のうち二回、別の学校へ移動して舞台を組んで上演するのです。時間との競争です。


――当時、学校を移動しての一日二回公演というのは、結構ありましたよね。公演班は大変苦労しました。


西村　上演料がいくらだったか。十円玉で頂いたずしりと重い袋の感触は、今日の稼ぎという感じです。両替する場所も時間もなく、持ち歩くのも大変で連泊の宿（ビジネスホテルなどない時代です。教員宿舎などが宿）の押し入れの布団の間に隠しておきました。

　地方での公演予定を達成して、劇団に報告の電話をしたら「大阪に帰っても仕事ないから、そっちでなんとかせい！」と。それで担当の制作が走り回って、人数の少ない学校を公演して凌いだこともありました。

　今思うとかなり過酷でしたが、若かったのですね、みんな。

　若手メンバーの一人に入団間もない「まっちゃん」がいました。過酷な公演をさほど過酷とも思わず、過酷な青春を共にしました。大阪市内ではクラルテを知らない子は居ないはずです。毎年六年間も観続けていたのですから。

　制作マンの努力も凄かったです。当時「せんちゃん」のお母さん（芳川歌子）が市内の学校にコツコツと何度も足を運んで（校長先生とお友達になるほどです）、上演を決めていました。


――「せんちゃん」のお母さんの芳川歌子さんが、大阪の電車内でクラルテのチラシを配り歩いたという話は有名です。

西村　子どもたちは住む地域や貧富の差などなく、みんな生の舞台を見る権利があります。だから学校公演は絶対に外せない大切な出会いの場だと思います。
　権利があるといっても、彼ら自身がそれを行使できません。今のところそれらは大人の都合になってしまいます。子どもたちから離れたトップになるほど、関心が薄い、というかお金を使いたくない。

◆〈子ども劇場おやこ劇場〉との出会い

西村　一九六六年六月、福岡で始まった〈子ども劇場おやこ劇場〉はかなりのスピードで全国各地に拡がっていきました。それは単なる鑑賞団体ではなく、子どもを軸の自主活動、共に文化を創り育てていくパートナーとして、自らの住む地域を繋げていく活動。その活動の中で【地域公演】が生まれます。【地域公演】の実施は福岡大野城のクラルテの公演が最初かと思います（長野の劇場という説もあります）。

当時福岡の「劇場」の会員数がどんどん膨らんで、近郊に幾つもの「劇場」が誕生しました。その一つ、太宰府春日大野城の劇場から「元気なお母さんたちがいっぱいいます。各自の地域で、力を出せる小公演ができないか」という問い合わせに応え〝おひさま劇場〟を誕生させました。【地域公演】はその地域の子どもと大人をつなぎ、地域の活性化を大いに進めました。

人形劇団クラルテの仲間たち（2003年ころ）

私たちの子どもの頃は、学校からうちに帰ると、どこで道草を食っていたか、もう親が知っている。下町の保育所の先生のお話でも、「近所で沢山の大人に見守られている子どもほど情緒が安定しています」と。子どもは家庭と学校（保育園幼稚園）そして地域で生きています。しかし近ごろはみんな地域の子なんてことは、遠い昔の話になってしまったのでしょうか。コロナがますます拍車をかけてきたようです。

「分断・孤立が我が身を守る術」では、生きている意味がわかりません。また近くのスーパーで、あるおかあさんが地域公演のあった次の日に、知らない子から声をかけられました。「おばちゃん昨日はありがとうね。楽しかった！」。こういう話は、嬉しいですね。

◆子どもたちの感性の確かさを信頼

西村　〈劇場運動〉が活発で、全国で【地域公演】も盛んな時代に、私はどっぷりと関わらせてもらった事は、とても幸いでした。私が今日まで続けてこられた源も、随分そこで育てられたと思います。

初期の頃の【地域公演】は、その劇場にその公演の間留まるので、財政的にも余裕がない公演です。ですから、毎日日替わりで会員さんのお家にお世話になっていました。夜はその近所の皆さんが集まって宴会、次の日その地域での公演、一宿一飯の御礼公演のようで、これは瞽女さんの世界だなあ、とそこに芸人の原点を思ったことでした。

ビジネスホテルなどまだ無く、空き屋を探して住むというのがよくありました。会員さんのおうちから、鍋釜その他生活必需品があっという間に届き、メンバー三名で自炊生活を送りました。

その頃の【地域公演】に赴くときの合言葉は〝身も心も地域に捧げる〟でした。この出会いで、私の小さい人への考え方が大きく変わり、深く教えられたことがありました。

ある【地域公演】のとき。おかあさんが四歳の我が子の観劇後を話してくださいました。２本立ての一つは『親指姫』。こちらはギターの音に、人形全て籐細工のしっとりした作品。２本目は豚の親子の攻防で抱腹絶倒、会場は終始笑い声に包まれます。四歳の彼が転げるように笑っていた子豚ちゃんより、親指ちゃんと燕の温かい絆に深く感動していたのです。

笑いは素敵です、大好きです。およそ大人は会場が笑いに包まれると、よかった大成功と評価します。しかしみんなが静かに心を震わせている時もあるのです。笑い声だけをバロメータにしている大人は多いですね。私は子どもたちの感性の確かさを信頼します。

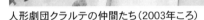

◆より濃い出会いが生まれますように

――〝児童演劇花盛り〟の時代から、一九九一年をピークに、少しずつ劇団の公演が減少していきます。そして、〈コロナ〉です。参りました!!

西村　〈コロナ〉で、ほぼ今までの活動が停止したとき、どれほど自身にとっても子どもたちにとっても、今までの出会いが必要で大切だったか、がよくわかりました。

　コロナ以前の状態までには、まだまだですが、この状態があたりまえになってしまっては困ります。コロナでやむをえず活動を休止したり、持ち堪えられずにやめてしまった創造集団もありました。一度消えた火は、復活させるためにエネルギーは相当いります。創造団体はもちろんの事ですが　特に実施する側が文化芸術に触れあうことの意義を見失ってしまう。

　この経験を力に変えて、以前にも増した活動が前に進み、より濃い出会いが生まれますように願いたいですが。不要不急ではないのです。二度とこない大切な子ども時代です。コロナ禍で出会えないのは大損失です。

◆『ベイビーシアター』公演の大事さ

西村　現在、私の活動の『赤ちゃん劇場ＣＯＵＣＯＵ（クークー）』で赤ちゃんと人形と出会いを共有しています。

　この人たちの能力はすごいとわかっているのですが、心底信頼しないと共有させてもらえません。

　人が生まれてからの五年間、一生のうちにこんなに成長する時期はありません。その大切な五年間にたとえ一時間でも三十分でも共有できるのはなんと幸運な事か。

『赤ちゃん劇場COUCOU』　小さい子どもたちと

本質を見抜く力は鋭いです。表面を繕ってチャラチャラしてもダメ。こちらも嘘の無い〝素〟を問われます。

　会場に来る赤ちゃんはその保護者とほぼ一体感があります。コロナ明けで久しぶりのお出かけに、少しの緊張感とたくさんの開放感を、身体いっぱいに表しているようでした。

◆子どもたちと何を共有し、どんな繋がりを築いていけるのか

西村　今振り返ると、私たちは時代を精一杯生きてきました。それなりにいい時代だったと言えるのでしょうか。

　私たちが住む地球上は、今もあちこちで紛争が絶えず、子どもたちが命を落とす胸痛むニュースも絶えません。日本も着々と戦う準備を進めているって「バカじゃないの」と、心底思います。戦争なんて、あらゆるものを壊してしまうだけです。今を生きるということは、それらを含めて全ての人たちと共存しているのですね。

　そこから今ここで何を考え、今日を明日をどう生きるか、何を創造し、子どもたちと何を共有し、どんな繋がりを築いていけるのか、私は、今も、そこに生きていますので。

追悼　志子田宣生さん

川崎の中学校演劇振興に活躍

小川信夫
現代教育文化研究所 所長

志子田宣生さん
一九三二年、朝鮮・黄州生まれ。
二〇二四年二月二十一日逝去。享年九十二歳。

令和六年二月、九十二歳の生涯を閉じた志子田宣生氏。氏は川崎の中学校校長として、市の中学校演劇の振興に活躍、特に、神奈川県立青少年センターでの県下中学生対象の演劇セミナーでは、昭和三十年代後半から、毎年、館の演劇専門員田村忠雄氏の指導の元、夏季講座として指導者講習会を開催、中学生に演劇実践の楽しさを普及した功績は大きい。

この時の経験をふんだんに盛り込んだ、中学生の演劇活動のノウハウをまとめた実践書『シェイクスピアが笑うまで』（晩成書房刊、二〇〇八年）は、ユニークな中学生の演劇実践活動の具体的なテキストとして評判を得た。

彼は東北大学教育学部を卒業、そのまま川崎に就職、はじめ市の小学校の教員となり、当時、昭和三十年代の前半、私が主幹した「川崎演劇セミナー」の会員に、同じ学校にいた今北作之助君に誘われて入会した。その後、斉田喬門下に入り、日本劇作の会や日本児童青少年演劇協会の会員となって、特に、中学生の実践活動を軸に指導者としての活躍を展開した。中でも注目された実践活動の一つが、韓国の中学生との地域を挙げての文化交流である。

その契機となったのが、彼が校長となって赴任したS中学校だった。この地域は戦前、朝鮮からの労働者が多く、戦後、その多くの人が、その地域に定着した下町だった。戦後、経済的にも多くの問題を抱え、特に青少年対策は緊喫の課題になった。

志子田君は、この町全体の文化振興に中学生の実践活動を中心に盛り上げた。それを韓国との文化交流に学校をあげて踏み切った。この成果はやがて市の地域の文化交流施設の設立としても成果を実らせた。

当時、彼は生徒や父母などと共に何回か、韓国をおとずれている。その中心に据えたのが演劇を中心とする文化表現活動だった。

とにかく、愉快な男だった。酒も強く。よく私の家に、東北から来ていた鈴木良夫君、武田晋一君、児童演劇協会会員だった岩崎明君、岩佐敬之君たちと、卓を囲み酒を酌み交わしたものである。

ほろ酔い気分になると、彼は必ず、私の家にあったピアノに向かって、第九交響曲の終演部分を演奏し、ドイツ語で高らかに合唱曲を歌い上げた。ピアノは子どもの頃から、親に本格的に習わされたが、高校時代、独自の針路を選択、以後は独学で身に着けたセンスだったと言う。戦後、外地から引き揚げたが、家庭的には恵まれて育ったと語っていた。

まさに自由で独特の素朴で、楽しい発想に富んだ男だった。大の愛妻家で、郷里から呼んだと言うチャーミングな奥さんの手料理を、新婚時代によくご馳走になった。

晩年、その奥さんが亡くなってから、彼の行動も、消息も急速に途絶えがちになった。そこへコロナの惨状も重なり、ここ数年は逢うこともできなかった。施設に出入りしていたと聞いたが、定かではなかった。人生、花の時代を目いっぱいに生きた男の冥福を、いまは心から祈るばかりである。

追悼　野田あさ子さん・中屋宏悦さん

仕事の向こうにいつも〝人の豊かさ〟を見つめていた二人の同志が逝った
二人の生き様から私たちが受け取るものは……

森本真也子　ＮＰＯ法人子どもと文化全国フォーラム代表理事

野田あさ子さん（のだ・あさこ）

一九六三年京都生まれ。
一九九六年入間おやこ劇場に入会。入間おやこ劇場の役員を歴任しながら、ＮＰＯ法人こども劇場おやこ劇場埼玉センター、子ども劇場首都圏役員も兼任。
ＮＰＯ法人子どもと文化全国フォーラム副代表理事、子どもと舞台芸術大博覧会事務局として、要職を担っていた。
二〇二四年三月十七日逝去。享年六十一歳。

　野田さんが入間の事務局長だった時、埼玉県の次期事務局長に視野の広い野田さんをと声がかかった時のこと。「子ども劇場に命をかけるなんてできないですね。だから、県の役員とかは絶対やりたくないです。」と何の躊躇もなく明言したことは強烈に覚えている。

　そんな彼女の話すことは、目の前の子どもや大人の話をきちんと捉え、それを社会的な問題として客観化し、何をしていけばいいのかの具体策を考え、取り組んでいく広がりを持っていた。母親として子ども劇場に関わると、我が子や子育てに視野が行きがちな中、市民活動という側面でのとらえ方をし、広げている入間おやこ劇場（現あそびあーとこども劇場いるま）の流れがあったことも影響があったに違いない。そうしたベースがあったため、後に彼女は埼玉県でも首都圏でも全国でも、大きな役割を果たすことになる。

　その彼女の変化の要は「学び」だった。辞書みたいな人と結婚したかったというだけありとにかく「学ぶこと」が好きだった。関わった組織で学びの場を作り、文化庁や公立文化施設協議会やＮＰＯの中間支援組織などの様々な学習会にいつも仲間と参加していた。子どもたちにとっての文化活動の必要性についての学びは連続して行っていた。そうした学びを通して、鑑賞も文化活動の一つであり、表現やあそびや創造や自然体験なども含め、総合的な文化活動の場を日常に作り出さなければ、子どもたちの本当に豊かな文化体験にはならないと考えるようになる。放課後の子どもの居場所づくりもコロナの時のあそびレシピの配布も入間の街を文化豊かにしたいと考えながら、常に様々な活動の工夫をしてきている。二〇一五年のＮＰＯ法人化の際、あそびあーとこども劇場いるまと名称変更した。

全国フォーラムの理事となってからは全国各地の人と丁寧に話しながら、各地に種を蒔いていった。能登半島地震支援の視察最中に突然の急死。あまりに突然のことで受け入れられない私たちにきっと空から「ま、ということで、よろしく！」とか言っていそうだ。

中屋宏悦さん（なかや・ひろよし）

一九六三年東京都目黒区生まれ。目黒子ども劇場事務局、ＮＰＯ法人子ども劇場東京都協議会役員を歴任。子ども劇場首都圏舞台芸術専門委員会、企画実施調整実務担当、子どもと文化全国フォーラム舞台芸術企画委員会委員などを歴任。子どものための舞台芸術の発展のために様々な立場で活躍した。二〇二四年六月二日逝去。享年六十一歳。

高校二年生の時、目黒子ども劇場会員の友人に誘われキャンプに参加し入会。大人との関係と中学生との関係に魅力を感じ、その後は大学卒業までほとんど毎日、子ども劇場の活動という生活を送り、目黒子ども劇場の専従事務局となる。若い頃は、子どもの生活圏での集団的な活動に関わることが中心だったが、一九九〇年ごろから始まった東京祭典をきっかけに、舞台鑑賞の分野への仕事にも深く関わることになる。

目黒子ども劇場事務局長として子どもたちや若者と活動することを大切にしながらも、東京都協議会の運営委員・常任委員として、三多摩地域の子ども劇場を広げていく仕事や、子ども劇場が合同で行う鑑賞活動実施のための仕事にも携わってきた。東京都協議会の中でも鑑賞活動を基軸とする様々な分野の担当を担い、首都圏域における創造団体との交流の場作りを広げる活動にも着手してきた。子ども劇場企画・調整・実施実行委員会がスタートする中で、子ども劇場首都圏の舞台芸術に関する実務の要となって働き、子どもと文化全国フォーラムの舞台芸術企画委員会の基盤を固める仕事を担ってきた。

東京の中で共に専従事務局として活動してきた人と結婚し、板橋に住み住民の人とも交流しながら生きてきた中屋さん。三十年間の事務局人生の中で、基本の実務の確かさと、人を気遣える優しさを持つ対応に支えられ助けられた人は数多い。

二〇一六年の大雪の日、近所の雪かきをしていた際に脳溢血で倒れたことを機に、病床に臥す。二一年に癌で余命宣告一年といわれながら、三年の闘病生活を経て自宅で逝去。葬儀には若い頃共に活動してきたたくさんの仲間や若者が参列した。愛すべき同志だった。彼がやり遂げたかったことを忘れずに生きていきたいと思う。

カーテンコール

ママコさんとの半世紀の旅

（汎マイム工房）
あらい汎

二〇二三年九月二十日、日本のパントマイムの草分けであるヨネヤマママコさんが八十八歳で亡くなりました。ママコ・ザ・マイムの幕が静かに降ろされました。

ヨネヤマママコさんと筆者
共に出演した『ソロマイム・ギャラリー2011』公演後のロビーにて（2011年12月）

一九七四年八月、私、あらい汎は、ヨネヤマママコさんの待つアメリカ、ロスアンゼルスに向けて飛行機の中におりました。旅行の目的はウィスコンシン州の演劇専門大学であるヴィテルボ・カレッジで開催される世界マイムフェスティバルに参加するためです。このフェスには世界各国から蒼々たるメンバー、フランスのルコック、スイスのドミトリー他、ムメンシャンツなどが参加するという内容です。このフェスからママコさんに招待状が届いたのです。三十歳になる前に何とか外国に行きたいと決めていた私は、即、同行させてくださいと申し出、ママコさんの助手として実行委員会から承諾の通知を頂けたのです。二十九歳十一か月の夏、ギリギリ海外。

私は、一九六八年より太田省吾主宰の転形劇場に所属する傍ら、シャンソン喫茶の店頭で人形振というマイム技法で看板代わりに立ち、店内で演奏の合間や、歌に合わせマイムを演じていました。その頃の日本社会は、学生運動に揺れ、演劇界もその影響を受け、騒然とした中、ゲバ棒と火炎瓶の時代でした。

一九七二年ママコさんが十年ぶりに帰国、赤坂の小さな公共ホールで公演が催されました。猛烈なショックでした。テーマやメッセージを超えた美しさ、このように美しく動く人間を始めて観たのです。天使の動きでした。

早速ママコさんに手紙を出し転形劇場の公演にご招待し話す機会を得、ママコさんの家の台所で小作品を見て頂き、強引にママコさんの生徒になります。その後ママコ・ザ・マイムの、助手、共演者として関わらせて頂けるようになりました。そんな折に開催された世界フェスティバル。

この企画では参加者が作品を上演し、同時にワークショップも行うというものでした。ママコさんが用意した作品は仏教説話からヒントを得た『十牛』です。人の（女の）一生を一匹の牛の生き様に例えた寓話です。汚れなき自然の中で育つ一頭の牛。次第に、社会の汚れ、他者との関係に傷つき、暴れ、狂い、人を殺めてゆきます。しかし、最後にこの業を引き受けることにより、童子を背に乗せ、野をゆったりと歩む牛となるという話です。ママコさんそのものです。

ママコさんは一九三五年三月、山梨県身延町の平田屋という旅館の一人娘として生を受けます。ご両親と三人の男兄弟に守られて、育ちます。父君は小学校の先生をする傍ら石井漠さんの門下でバレエダンサーとして活動、地元の子どもたちの指導もしていました。ママコさんは七歳からバレエのレッスンを受けることとなります。一九四四年、太平洋戦争に突入した年です。

夢見る少女は、その夢を抱いたまま一九四六年東京教育大学（現・筑波大学）体育学部、舞踊学課に入学、東京に向かうことになります。

大学に通う傍ら江口隆哉さんや大野一雄さんのモダンダンスに関わります。後の世界的な舞踏家土方巽さんとの出会いもあり、一九五五年にはマルセル・マルソーの初来日公演に感動、マイムの世界に入ってゆくこととなります。

そして、『雪の上に猫を捨てる』という作品を創作、注目されます。一九五八年、NHKの「私はパック」「ジェスチャー」などに出演。突然、TVスターとなります。街を歩くと皆が振り向きます。輪をかけたのが岡田真澄さんとの契約結婚です。一九六〇年、マスコミや人の眼差しに疲れ、悩み、言葉も分からないアメリカに逃がれます。自由な国アメリカといえどアジア人、特に日本人には冷たかったようです。時にはストリップダンサーとして売られそうになったのよ、と語っておりました。しかし周囲の眼差しはママコさんの芸を見逃すことなくマイム教育者、ステージマイマーとして繁忙な活動をすることになります。

私は芝居、所謂新劇の訓練を舞台芸術学院という演劇専門学校で三年間学んでおります。数々の肉体訓練の授業がありましたが、役者用の訓練であり、ママコさんの身体の使い方とはレベルが違います。四十五度の腕の位置、三十度の首の傾き、足の位置、膝の方向など凄まじい身体への執着でした。私は芝居とはまた違った作品作りの厳しさを学ぶこととなります。厳しいけいこの末作り上げた作品『十牛』は大層な評判をとります。作品の見せ場である狂った牛とそれを取り押さえようとする場面は、ママコさんの激しいダンスマイムで美しく狂うロデオ、絶品の場面でした。

音響オペレーターは私の役です。言葉の通じない現地のスタッフとの打ち合わせに苦労した結果、私は思わず涙してしまいました。このシーンは、ママコさんの著書『砂漠にコスモスは咲かない』（一九七七年、講談社）にも書かれております。帰国後、アメリカでの体験で私の新たなマイムが見え、ママコ・ザ・マイムから独立、ママコさんの協力も得て汎マイム工房を立ち上げることとなりますが、その後も深く長くお付き合いすることとなります。ママコさんは私の師匠です。しかし師は「あらいさんは私の同志なのよ」と言ってくれていました。

アメリカで、多分五千人近い生徒を指導、日本に帰っても多くのパントマイム役者を育成、マイム役者、そして女性としての生き様を模索、追い求めた人生でした。

天使のごとく舞ってきたマイミスト・ヨネヤマママコさん。たくさんの夢と感動ありがとうございました。合掌。

カーテンコール

カーテンコール

ベイビーシアター　物言わぬ人たちとのステージ

（役者・プレイアドバイザー・香味野菜主菜）
中市真帆

初めはちんぷんかんぷん

　私たち香味野菜がベイビーシアターに出会ったのは二〇〇五年。そこから携わり驚き発見の連続です。初めは正直何がなんだかわからない状態でした。あかちゃんが観客？　あかちゃんに何を見せる？　何がわかる？　きっとストーリーはわからないだろうし、言葉だってどこまでわかるのか？

　仲間と悩みに悩みました。ところがご想像通り、上演し始めると、あかちゃんほど素晴らしい観客はいないとわかってきました。すっかりあかちゃんに魅せられたのです。

ある日のステージ

　その日は大変調子が悪く、精神的にキツくて、やっとの本番でした。

　こんな調子であかちゃんに出会うのは申し訳ない、と思いつつテンション上げて始まったステージで何が起こったかというと……会場の暖かい空気と、ダメな私の全てを受け入れてくれている（と感じた）あかちゃんの目で、私はどんどん立ち直り、結果的には、いつもより力が抜けた良い時間となったのです。驚きと感動と畏敬の念が湧き上がったのを覚えています。観客であるあかちゃんに、ひれ伏したい気持ちでした。ステージが終わり気がついたのは、あかちゃんは目の前で起こっている事を評価しないということです。だから、ボロボロに近かった私をそのまま受け入れてくれた（ように感じた）訳です。どんなことでも受け入れる、そしてNOは言わない、会場から出ていくこともしない（出来ない）。それは、こちらを全面的に信用しているということですよね。こういう人たちを相手に上演をしていくのだ。これは大変な所に足を突っ込んだと、改めて思いましたよ。

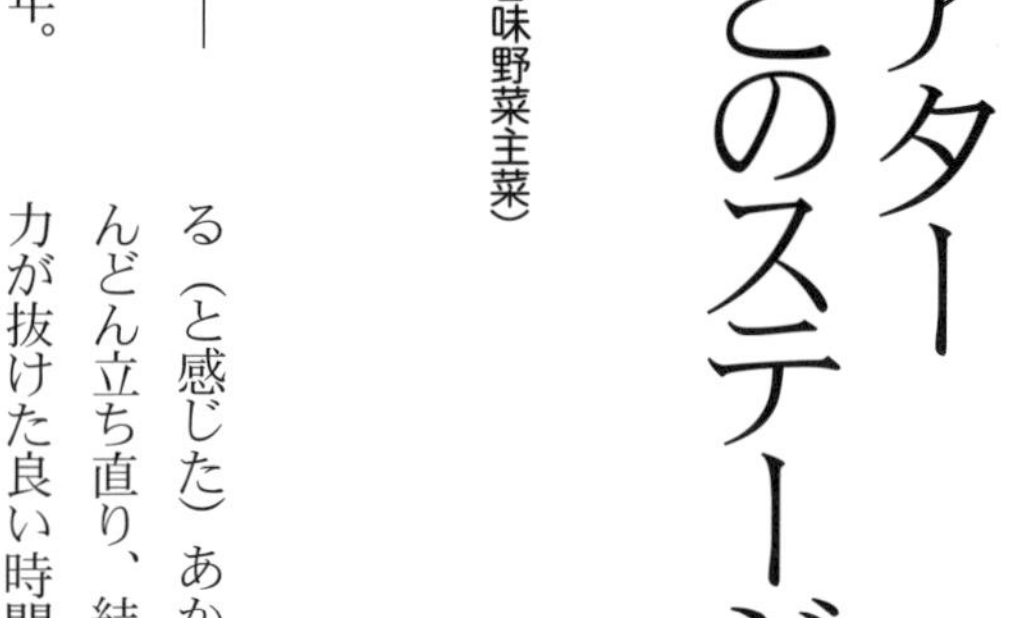

香味野菜のベイビーミニシアター『アル』のステージで

あかちゃんの人権

　人には人権がある、あかちゃんにも人権がある。至極当たり前のことを、あのステージの日から私は考えるようになりました。評価せず受け入れる力、関係性を感じ取る力、飽くなき好奇心、平和好き。

あかちゃんは実にたくさんの事を理解しているらしい事も知りました。その小さい人（あかちゃん）を前にして、自分は何をさらすのか。いつかのようなみっともない姿ではいけません。あかちゃんの楽しいエネルギーと同調し、認め合いのできる私でいたい。強制的に何かを見せつけるのは暴力だ、と思ったのです。

もちろん、あかちゃんは未だ、知らないこと出来ないこともたくさんあります。それを知った上でなお、ちゃんと一人の人であることを実感している大人たちは、どれだけいるかしら。

観客としてのあかちゃん

あかちゃんはなんでもよく見てくれます。動くものを目で追いたいし、次々新しいことをしていけば、飽きずに見てくれます。それに、動けるようになると、自分で確かめたい、この手で触りたいそれがあかちゃんです。だからって、見てもらう物はなんでもいい訳じゃない。このことは、しっかり心に留めておかなくては。

主体性と安全性

あかちゃんの成長を知り、生理を知っていくと、主体性と安全性を考えるのは大事なことだとわかります。そして、これ簡単じゃない。「一つ育つと、一つ危険がふえる」あかちゃんの主体的な動きの補償を考えたとき、背中合わせにある危険を忘れてはいけないというのです。私たちがベイビーシアターを上演できる場所は、あかちゃん専用の場所でないことが多い。だから、その場所をどのように準備する事で、安全に、気持ちの良い空間となるのか。始まる前が大事です。

始まってしまってから気がついても間に合わない。あかちゃんはよく気がつくのです。

例えば本番中、落ちてしまった小さなゴミに気づいてしまったあかちゃんに気づいた役者は、そおっとゴミに近づいて何気なくゴミを拾って、あかちゃんとにっこり笑顔を交わす。こんなことが実際起こります。シアターで使う小道具も、素晴らしく楽しいおもちゃです。興味の先に、危険なものがないとは限らない。動きたい、触りたい、確かめたい、あかちゃんが主体的に動く姿は楽しく、頼もしい。でもそこが安全な場でなかったら、それは恐ろしい。

まず清潔、そして、危ないものはないかの確認それも大切。環境設定。人員配置。人的環境。

観客もスタッフも出演者も、安心して時間を過ごすためには、どんな配慮が必要なのか。年齢設定も、兄弟の問題も、時にはNOを言う勇気も大事かもしれない。

これから……あかちゃんに特化するステージを続けるために

あかちゃん知り、余分なものを削ぎ、気持ちよく存在できる空間作りに努める。

これは携わるみんなで考えていきたい。

役者自身が向かう先も考えていかなくちゃ。

これは個人的な作業。

物言わぬ人と繋がったその時、得も言われぬ幸福感があるのです。

これは、関わった人みんなの特権。

こりゃ　やっぱり　やめられない。

カーテンコール

小特集
地域　演劇　子どもの居場所

地域文化の花、咲かせましょう

仲間とつくる《東村山子ども演劇プロジェクト》

表現教育研究所　大沢　愛

特集にあたって

子どもたちが輝く時、大人も輝く——先日、文科省の全国学力テストで小中学生の思考力・表現力に引き続き課題が残されると結果が出されました。はたして本当に思考力・表現力が足りないのでしょうか。その力を引き出すだけの力が大人に足りないのではないかと思います。私は今春、子どもたちが輝く現場に立ち会いました。コロナが5類になって、子どもたちがそれまでため込んでいたものが一気に噴き出ているように感じます。そのエネルギッシュな活動を支えている皆さんにお願いして原稿を書いていただきました。（編集委員・大澗弘幸）

▼二十年は続けよう

はじまりは二〇〇七年、演劇が持つ多様な可能性を地域文化の糧として、子どもたちの自己表現の場を創造していこう、と立ち上がった東村山子ども演劇プロジェクト（以下プロジェクト）。当初、東村山子ども劇場を主体として、子どもたちの文化活動を地域で創造していくことを目的に「東村山子ども文化地域コーディネーター実行委員会」が発足、実行委員会の主催事業としてプロジェクトが始動した。やがて「東村山子ども文化実行委員会」と名称を変え、プロジェクトの主催は東村山子ども劇場、実行委員会は協力、東村山市及び東村山市教育委員会は後援、との体制に落ち着いた。毎年欠かさず市長も本番を観に来る。表現教育研究所は地域の文化団体として実行委員会に参加、演出創作チームとして二〇〇八年から本格的に関わり、共に作ってきた。

はじめるにあたり、プロジェクトの言い出しっぺでもあった当時の事務局長大沢由利さんと、初年度から一貫して実行委員長を務める山岸一繁さんは語り合ったそうだ。「二十年は続けよう。なぜなら一つの文化が地域に根付くこと、それは例えるなら祭りのようなもの。成人して地域を離れた若者たちも、その時期になると祭りのために戻ってくる。あるいは思い出す、世代交代をして続いていく。いつでも帰れる場所として地域にひらかれ、その人の中に体感や質感と共に記憶されるもの。そのような活動に育てていくには、まぁ二十年くらい時間がかかる」と。以下は、初年度の公演チラシに掲載された実行委員長の挨拶文だ。「自分を解き放つこと、いろいろな力が試されること、みんなで創ること、自分にない力を持つ人に出会えること、違う視点の人と共に探求すること、みんなで新しい一歩を発見すること。（中略）公演の到達点は、見栄えではない。この地域で、このみんなと出会い、一緒に取り組んだ喜びの高さである。あなたもこの輪に加わりませんか。そして地域文化の花、一緒に咲かせましょう。」

▼原石が光る瞬間

それから十七年。今回こうしてまとめる機会をいただき、年譜を作ってみた結果、十七年間で二十三作品が生まれたことがわかった。Ｗｏｗ！　いつの間に!?　という感じだ。しかも、あと三年で二十年！　この間、多彩なアーティストたちがプロジェクトに参画してきた。初期段階から創作パートナーとしてチームを組んできた村松裕子さん（プレイキッズシアター）をはじめ、叶雄大さん（アートインライフ）、中澤聖子さん（Mina Watoto）、他に単発で関わっていただいた方々や舞台スタッフも含め、多くのプロフェッショナルが本気で関わってきた。子どももイロイロなら大人もイロイロ。社会の縮図のような現場で、多様な大人たちがそれぞれに子どもたちと真剣に向き合い、年齢の差、経験の差を超えて関係を紡いできた。子どもたちは一人ひとり、自分だけの原石を持っていて、その形や色合い、質感や光り具合は皆違う。私がいつも注力するのは、一人の子どもがその人らしく在ること。そして「願い＝成長願望」を感じ取ること。時に本人さえ気づいていない「願い」には、その人がキラリと光る瞬間や、他の誰にもできない味わい深い表現が潜んでいる気がする。そこに想いを馳せ、イメージし、本人が少しだけジャンプするきっかけを作れたら最高だと思う。

コロナで突如、終止符が打たれた二〇二〇年を境に、照明や舞台装置、衣装や音響などの「装飾」を削ぎ落とし、「子どもの創作と表現」をシンプルに追求する作品創りへと転換した。保護者が参加する機会やショーアップの要素は減ったが、最後の瞬間まで創作と表現に集中できる点において、子どもたちの充実感や達成感はむしろ高まったように感じている。

東村山子ども演劇プロジェクト
【上】10周年記念公演『いちまる』（2017年、東村山市富士見公民館ホール）
【下】本番10分前、恒例の円陣を組んで「さあ、いこう！」

●子どもたちの声より（本番終了後のアンケートより抜粋）

＊自分のかくれたさいのうが開花するところ
＊安心できる場所

＊自分やみんなのことをみとめてくれる人がたくさんいること
＊わたしにゆうきがあることをしり、ちしきがひろがりました

▼人の循環が生まれる

十年経った頃から、人の循環が目に見えるようになった。高校生、大学生、二十代の若者たちがスタッフ参加をしたり、ＯＢＯＧが自力でつくる小作品が生まれたり、すっかり成長したかつての参加者が客席に座っていたり。10周年の節目に創作プロセスを追ったドキュメンタリー映画「じぶんのことば」（監督諏訪麗生）が製作されたりもした。十年目の演出ノートにはこう書いてある。

「人が集まってくる。あちこちから人が集まってくる。はたと、そんな思いになった本番数日前。稽古場を出入りする大勢の人の姿が、十年の年月を物語っているような気がした。人の輪が幾重にも広がっている。久しぶりに会った高校生たちが言った。ここは本音で語れる。ここではやる気がないフリをしなくていい。まっすぐ向き合える。（後略）」

最後に、実行委員長がある年の当日資料に寄せた「地域文化」についての手記を。「仰ぎ見る山も広がる海もないが、ここには人がいる。人は、文化で繋がり大きな花を咲かせるだろう。無名の大人たちが支え、子どもたちが歩む。子どもたちは言葉を発し、確かに立つ。幾年も繰り返され、子どもたちは大人に、大人は道になっていく。山岸一繁」

子どもは未来。そこに手渡す文化を耕すのは私たち大人だ。地域文化の花、一緒に咲かせましょう。

【上演記録】東村山子ども演劇プロジェクト

上演年月	作品名	形態
❶2008年2月	扉～ネコと少年の物語～	長編ストーリー
❷2009年2月	BOTAN	長編ストーリー
❸2010年2月	化心	長編ストーリー
❹2011年2月	木時	長編ストーリー
❺2012年3月	BOU	オムニバス小作品シリーズ　Vol.1
❻2012年7月	修学旅行	中高生編第1弾　既存台本使用（畑澤聖悟作）
❼2013年3月	MARU	オムニバス小作品シリーズ　Vol.2
❽2013年7月	扉～ネコと少年の物語～	中高生編第2弾
❾2014年3月	時計	オムニバス小作品シリーズ　Vol.3
❿2014年12月	生徒総会	中高生編第3弾　既存台本使用（畑澤聖悟作）
⓫2015年3月	はこ	オムニバス小作品シリーズ　Vol.4
⓬2015年12月	シュレーディンガーの猫	中高生編第4弾　既存台本使用（佐藤雅通作）
⓭2016年3月	ITOSAN	オムニバス小作品シリーズ　Vol.5
⓮2017年3月	いちまる（10周年）	オムニバス小作品シリーズ　Vol.6
⓯2017年12月	わく	オムニバス小作品シリーズ　Vol.7
⓰2018年3月	飛び出せ、0番線。	中高生編第5弾　既存台本使用（佐藤まどか作）
⓱2019年3月	ロード	オムニバス小作品シリーズ　Vol.8
⓲2020年3月	さき（コロナ強制終了）	オムニバス小作品シリーズ　Vol.9
⓳2020年12月	ながれ	オムニバス小作品シリーズ　Vol.10
⓴2021年12月	らく	オムニバス小作品シリーズ　Vol.11
㉑2022年6月	穴～奈落の四人～	OBOG公演　OBによる書き下ろし
㉒2023年3月	ワガハイ	オムニバス小作品シリーズ　Vol.12
㉓2024年3月	みせ	オムニバス小作品シリーズ　Vol.13

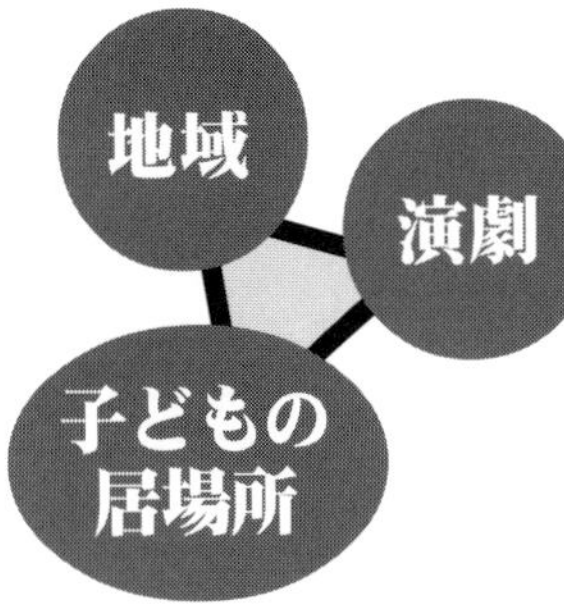

C.C.C.THEATERの軌跡

C.C.C.THEATER代表
原田亮

C.C.C.THEATERは神奈川県茅ヶ崎市を拠点に活動する子どもたちの劇団です。「未来を生きるチカラ」を育てることをモットーにしています。今年で八年目を迎え、小学1年生から大学生までの総勢五十名以上の劇団員が所属しています。劇団は年齢に応じたクラスでレッスンを行い、たくさんのイベントへの参加してます。そして年に一回の本公演を開催し、毎年九〇〇人以上の観客に感動を届けています。

C.C.C.THEATERの原点

スタートはある小学校の演劇クラブからでした。私の母が担当する演劇クラブの指導依頼をきっかけに子どもたちと一緒にやる演劇活動を始めました。

最初は参加人数一〇名程度だったクラブが、年々増えていき最終的には四〇名以上の学校で一番人気のクラブになりました。子どもたちが演劇を通じてキラキラ輝く姿は、私にとって大きな喜びでした。そして児童劇の大きな可能性を感じたのを覚えています。

その学校では様々な演劇的活動をやりました。演劇ワークショップ、1年生一二八名との創作劇、演劇鑑賞会も実施させてもらいました。

ある日、卒業生から中学校に演劇部がなく演劇ができないことを相談されました。そしてその相談は年々と増えていきました。彼らは自分たちで演劇部創設に奮闘しましたが実現の夢は叶いませんでした。悲しそうな顔は今でも忘れられません。

「どうにかしたい」――これが私を動かしたのです。

私はC.C.C.THEATER設立を決意しました。多くの大人のサポートもあり、劇団は順調にスタートを切りました。

初めての公演は緊張と期待が入り混じる中、多くの拍手と共に成功を収めました。

子どもたちがくれる創造のタネ

本公演の作品は、いつも子どもたちの言葉から生まれます。

彼らのふとした疑問や発言を基に物語が生まれてきました。

「友情」「青春」「愛」「孤独」「アイデンティティー」「LGBTQ」……これらの創造のタネを一緒に育てていくのです。毎回どんな花が咲くかワクワクです。

彼らの純粋な感性は、毎回新たな発見と感動の花を咲かせてくれます。

演劇は発見と創造のあそび場

私の持論ですが稽古とは発見の場であり、確認の場ではありません。私は子どもたちに、もっと色んなアイデアを試し、発見するよう伝えています。「今日はこれをやってみよう。次はこうだ！」こうやって自分で考え、自分から動き、自分を表現する。すると稽古は自分のあそび場になっていきます。

歴の長い子たちのシーンの膨らませ方には毎回感動します。そして新人たちもそんな先輩を見て積極的にアイデアを出すようになります。これにより、稽古は毎回新たな発見と創造のあそび場となっています。

C.C.C.THEATER 公演の舞台から
【上】第6回公演『UNIVERSE FRIENDS』（2023年4月）
【下】第5回公演『キセキの花火』（2022年1月22日）

自分たちで奇跡を起こすチカラ

これまでの公演では、一人も欠員を出すことなく全員が参加することができました。特に第5回公演『キセキの花火』は、コロナ禍にも関わらず、全員が無事に舞台に立ち、大きな感動を生みました。

『キセキの花火』の稽古期間は、何度も壁にぶつかりました。感染対策のために稽古はマスク着用、そして事前の検査、検査、検査。もちろん本番もです。一人でも感染者がいたら中止とされる状況で子どもたちは不安と緊張の中で、それでも舞台に立ちたい一心で頑張りました。そして自分たちで奇跡を起こしたんです。本番で全員が舞台で輝く姿を見て、私たち大人も胸が熱くなり、涙が溢れる瞬間が何度もありました。

C.C.C.THEATERの進化と成長

劇団は、子どもたちの想いと願いによって進化しています。例えば、ある日一人の高校生が、裏方に挑戦したいと申し出てきました。裏方としてみんなを支えたいと言い、今では欠かせない存在となっています。小さい子たちから同級生たちは彼を頼っています。

そして今は大学で舞台監督になるための勉強

をしています。彼の将来が楽しみです。

彼のように他にも公演のサポートを学ぶ若者も増え、C.C.C. は彼らの劇団として成長しています。彼らの存在は、大きな財産であり、未来への可能性を広げるきっかけとなっています。

未来のC.C.C.THEATER

私の夢は、C.C.C.THEATER が彼らの夢を発信できる場所であり続けることです。

若者たちが企画を考え、実行する場所になり、そこで様々想像・創造・経験を得て彼らが社会に出た時のための「未来を生きるチカラ」となってほしいのです。

そしてC.C.C.が夢に向かって羽ばたく場所であり、いつでも戻ってこれるホームであり続けたいと思っています。

私たちの劇団は、演劇の場を超えて、彼らの成長と未来を支える場所でありたいと強く願っています。

C.C.C.THEATER 公演の舞台から

【上】第 3 回公演『ねこはしる』原作＝工藤直子、脚本＝ふじたあさや、演出＝原田亮（2020 年 1 月）

【下】第 7 回公演『Wonderful World』（2024 年 1 月）

■第3回公演以外は、脚本・演出＝原田亮■会場はいずれも茅ケ崎市民文化会館

私自身も成長し続ける

私は二〇代からイギリス、アメリカへ演劇留学をしてきました。そして今文化庁の新進芸術家海外研修制度でオーストラリア・シドニーにある児童劇団ＡＴＹＰに一年間研修に来ています。毎日が新しい刺激と発見の日々です。ここで学んだことをC.C.C.はもちろんのこと日本中の子どもたちに還元したいと思っています。

劇団設立から現在まで、多くの挑戦と感動がありました。これからも彼らと共に新しい物語を創り出し、彼らの成長を見守っていきたいと思います。

C.C.C.THEATERは、これからも彼らの夢と共走していきます。

是非公演を観に来てください。C.C.C.はいつでも皆さんをお待ちしております。

C.C.C.THEATER WEBSITE

C.C.C. THEATER

地域　演劇　子どもの居場所

浅麓地域の子どもたちと戯れる演劇活動

Mina Watoto 小学生のための創作表現ワークショップの実践と考察

表現コミュニケーションLab. ファシリテーター
まんぼ（小山裕嗣）

公立小学校で「表現コミュニケーション授業」

私が住む軽井沢町は、浅間山の麓にあることから、浅間サンラインと呼ばれる広域農道一帯の自治体を浅麓（せんろく）地域と呼んでいる。軽井沢町では、今年から町独自の取り組みとして、公立小学校の中の「表現コミュニケーション授業」が正式に始まった。今年度は小学5年生を対象として、全5回の授業の予定が組まれている。本事業は、この春に仲間たちと立ち上げた、表現コミュニケーションLab.が担わせて頂いている。メインファシリテーターは、私ともう一人、演劇教育の同志であり、盟友である俳優・演劇教育ファシリテーターの中澤聖子さんと共に務めている。聖子さんは、桐朋学園大学短期大学部専攻科演劇専攻を卒業後、数々の舞台に出演。その後、パリへ渡り、ジャック・ルコック国際演劇学校で研鑽を積まれた。帰国後は、舞台出演に留まらず、自身が主宰するMina Watotoを旗揚げし、子どもたちの創作表現ワークショップや舞台公演を定期的に開催している。

森の中で表現ワークショップ

聖子さんが語る言葉には、いつも魂が宿っている。それはなぜだろうか？　とずっと不思議で仕方がなかったのだが、今年はその実践を間近で見る好機に恵まれた。彼女のMina Watotoが企画する「自然の中で自分たちだけの舞台を創ろう！　小学生のための創作表現ワークショップ」にファシリテーターとしてお声がけいただき、6月から全12回のワークショップが、軽井沢にある「森のようちえんぴっぴ」のぴっぴの森で開かれている。今、まさにちょうど折り返しのタイミングの最中（8月1日現在）、浅麓地域の小学生たち24人と多才なアーティストが一緒に森の中で戯れているのだ。

このワークショップには、浅麓地域に住む小学3年生から6年生までの希望者が応募してきた。当初の定員を超え、増枠をしてスタートしている。学校でのワークショップとはまた異なり、森の中は、五感が開きやすい環境で、想像力を掻き立てられる独特の魅力がある。また晴天でも雨の中でも実施するというところが、自然の中で行う面白さかもしれない。既に折り返しに近づいているが、異年齢で学校も異なる子どもたちが混ざり、森に慣れ親しみ、自分を知りながら、友だちを知る、そして、徐々に何かを表現したいという想いに着火し始めている。

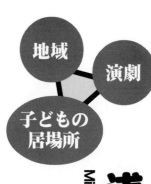

保護者もワークショップを体験

昨年、聖子さんと別のプロジェクトで一緒に取り組んだ際と同様に、初回のワークショップでは、敢えて保護者たちにも参加してもらう時間を持つことにした。私たちが実践している演劇的手法を活用した表現コミュニケーション教育は、学芸会やお遊戯会の発表というところに比重を置いているのではなく、子どもたちが少しずつ変容を見せるプロセスに重きを置いているところが特徴だ。故に、大人たち自身も頭で理解するのではなく、子どもたちが何に取り組もうとしているのか、どのようなチャレンジしているのかを断片的ではあるが、体感してもらうことが何より重要ではないかと考えている。このような創作表現ワークショップでは、発表を総括的評価する形ではなく、子どもたちが始まりと終わりでどのような心境の変化が生まれ、何かしらの発見や気づきが芽生えたかが大切であり、まさにプロセスを可視化する必要性を感じるのだ。今回も保護者たちに体感してもらったことで、より理解も深まり、野外での創作表現の価値を少なからず感じてくれていると確信している。

森の中での「小学生のための創作表現ワークショップ」に集まった子どもと保護者たち

「戯れる」からこそ得られる学び

今年度、様々な現場で聖子さんと共にファシリテーションを行っていく中で、彼女の言葉に〝魂〟つまり信憑性と説得力があるのは、やはり自然体で自己というものが確立しているからではないか、と感じるようになった。先ずは自分という人間の感情を知り、その感情を選択し、活かしていくということが如何に大切であるか。それがあってこそ他者理解につながるのではないかと考えている。故に、表現コミュニケーションLab.ファシリテーター養成のポイントは、プログラムを覚え、それをこなすDoingの方ではなく、まず自分の在り方、生き方を模索し思考する、Beingにフォーカスする時間を敢えて大切にしているのだ。

そのような時間がひいては、学校の中での表現コミュニケーション教育の理解促進にも繋がっていくと考えている。「ただ遊んでいるだけじゃないか」演劇教育に携わる人なら何度も耳にした言葉だろう。しかし『戯れる』という体験からしか得られない学びがあることを、保護者たちが自信をもって後押ししてくれれば、演劇教育の本質的な理解だけでなく、学校の中に「演劇」という科目を導入すべき、との声が高まる日はそう遠くないはずだ。

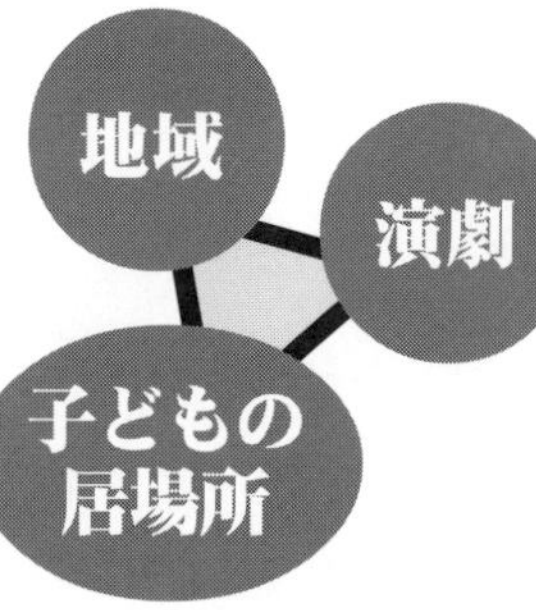

人形劇のまち「さっぽろ」の取り組み

札幌市こどもの劇場やまびこ座・こども人形劇場こぐま座 芸術監督
矢吹英孝

子どもたちと人形劇を創りはじめ、かれこれ三十年近くになりました。学生時代に何気ない気持ちで始めた人形劇が、自分の生涯の仕事となり、いつしか子どもたちとの創造活動がライフワークとなっていました。これまで、子どもたちとの人形劇創りの難しさ、そしてそれ以上の面白さを感じながら、日々汗をかいています。子どもたちからもらったモノはとてつもなく大きく、真剣に向き合えば向き合うほど、想像をはるかに超えたモノを返してくれます。子どもたちの成長の場が、実は自分自身にとっての成長の場であったとあらためて感謝する毎日です。

さっぽろという創造空間
～地域における劇場の役割

札幌には子どものための公立の専門劇場が二つあります。それが「こぐま座」と「やまびこ座」です。この二つの劇場は、機能やキャパシティは違うものの、こどものための人形劇や児童劇といった児童文化を創造・発信する場です。こぐま座は一九七六年に札幌の中心部である中島公園内に建設され、公立では全国初めての九〇席の小さな人形劇専門劇場が誕生しました。そして、やまびこ座は札幌の中心部からは少し離れた東区の元町地区に、第二のこぐま座として計画されました。しかし、こぐま座がホール機能しか持たないことを考慮し、児童演劇も可能なキャパ三〇〇名の中ホール、稽古や製作可能な研修室や工作室等を兼ね備えた総合的な劇場として一九八八年に建設されました。札幌という一都市において、全国でも珍しい子どものための劇場が二つも存在するということは、非常に画期的であると同時に、いかに地域に根を張り、市民にとって身近な存在として親しまれ、市民の手で永続的に守られ続けていくかが大きなテーマでもありました。

その答えが、この二つの劇場ができた当初から変わらない運営方針の柱「人材育成」にあります。単に人形劇や児童劇を観せるためだけではなく、劇場を利用する劇団（劇人）を育てていくことで劇場に命を吹き込み、ひいては札幌のこども文化を活性化させていくことにつながります。人形劇やこどもの文化に携わる市民を地元の中で育てることによって、こぐま座・やまびこ座が特別な場所ではなく、自分たち（市民）にとっての創造空間という意識を拡げていったのです。

人形劇から生まれる子どもたちの可能性

現在、小学生から高校生までの子どもたちと人形劇を創っています。やまびこ座、こぐま座はもちろんですが、札幌市内の児童会館や札幌以外の地域においても活動を行っています。人形劇の特質上、大勢で創る芝居もあれば、少人数で創ることも可能です。人形劇の良さは、この自由度にあります。子どもたちの年齢や所属する単位に合わせて、様々なやり方に変えていけることも魅力の一つです。たとえば、児童会館の小学生であれば、一つの作品を全員で創ることによって、仲間づくりや協調性を養うことにつながり、児童会館の代表という意識も同時に芽生えます。一方、中高生であれば、少人数のグループで自分たちが創りたい作品をより深く反映させることができ、また小作品を創ることで、どこでも上演可能な機動力ある活動展開が可能となります。活動機会を増やすことでの成長と合わせ、自分たちの劇団という帰属意識が芽生え、自信にもつながっていくのです。

人形劇のもう一つの良さは鑑賞だけではなく、誰でも創造者になることができることです。子どもから大人まで、広く多くの人たちが作品を生み出し、楽しむことができることが人形劇の大きな存在理由の一つです。子どもたちが創る作品の面白さは、単に可愛さや一生懸命さだけではありません。子どもたちは、子どもたちなりの感受性を持って、今の社会を見つめています。自分たちの生活の中で興味あることや不思議に思ったこと、こうなればいいなという未来を見つめたテーマがあるのです。子どもたちにしかできない表現方法を一緒に見い出しながら、いつでもサイコーと思えるものを創り出す作業が実に面白いのです。

子どもたちは活動の中で、自分一人ではできないことを知り、グループという中で「モノづくり」を進めていきます。いろんな人たちが関わり、個々を認め合いながら、進めていく作業は生きていく上でとても大切なことです。自分の手を使って、世界に一つしかないものを生み出す作業は、自然と笑顔が生まれ、仲間意識を育て、相手を尊ぶ心を育みます。実は、このことがグループ活動の根幹にあり、人形劇という特質に非常に合っていたと言えるのです。

さっぽろパペットシアタープロジェクト『北のおばけ箱』に参加した子どもたち（脚本＝斎藤歩、演出＝矢吹英孝／2022年初演）

中高生のための人形劇学校「パペットユーススクール」から生まれた、人形劇団フレンチトースト（中学１年生２人組）の舞台『じごくのらーめんや』（演出＝矢吹英孝／2023年）《第52回札幌人形劇祭》こども部門最優秀賞

子どもたちと一緒に創りあげる未来

皮肉にもコロナ禍によって、文化芸術が人間の営みの中で必要不可欠なものと示されました。文化が失われた世の中が、こんなにもギスギスしたものになるのかと痛切に感じました。だからこそ、いま人形劇が必要であり、我々大人は、子どもたちと同じ目線に立って、あそび心と想像力、そして人間力を持つことが大切です。

いま、新たな取り組みとして、障がいのある子もない子も、子どもも大人も一緒になって、人形劇や様々な表現活動を行っています。多様性や共生社会、インクルーシブといった難しい言葉ではなく、子どもたち自身の生活の中で自然にある現実を、きちんと子どもたちなりに受け止めてほしいと願っています。様々な個性や特性を遠慮なく出してあげることで、その子の放つもの凄いエネルギーが、グループの中の大きなチカラに変わっていきます。子どもたちの想像力や表現力が相手の想像を超えたときに、尊敬や思いやる気持ち、そして優しさや豊かさがきっと生まれると信じています。

人を育てることは時間がかかります。しかし、その手間を惜しまず、結果がすぐに見えなくとも未来への希望を信じることが大切です。このことが新しい「さっぽろ」の文化を創りあげていくことにつながっていくはずです。

ASSITEJ
国際児童青少年舞台芸術協会
世界大会 2024
@キューバ・ハバナ

アシテジ世界大会の参加報告

次の世界大会は、韓国のソウル

宮本健太郎
アシテジ日本センター事務局長

■概要

二〇二四年五月二十四日から六月一日、キューバのハバナで、アシテジ（国際児童青少年舞台芸術協会）世界大会が、開催されました。

三年に一度開催される、会議や選挙を中心とした大会と、国際児童青少年舞台芸術のフェスティバルで、キューバで開催されるのは、一九九三年以来、約三〇年ぶり。

前回の日本での大会は、オンラインだったので、対面での世界大会は、七年ぶりです。

主催者からの発表では、「六十六の国から、四八八人の芸術家が参加した。七十五のワークショップやトークや討論（英語とスペイン語）が開催され、五つの大陸から選ばれた二十五の作品が公演された」ということです。

■大会のテーマ

今回のテーマは、「新しい世界の声（Voices of a New World）」でした。大会のホームページには、次のように説明されています。

「世界の子どもたちや若者たちは、詩的な表現の場をますます求めています。そこでは、彼らが実践している芸術を、真の変革の道具にすることができます。私たちの責任は、新たな声に耳を傾け、彼らが必要とする場を提供することです。私たちは、愛と希望をもって、物理的にも演劇的にも、私たちの地理を見なければなりません。カリブ海に腕を伸ばし、私たちは世界のさまざまな地域からの劇団や芸術家の到着を待ち望んでいます。言語も訛りも、障壁にはなりません。私たちの団結と、私たち自身と地球をよくしたいという願いだけが、私たちにホーム（自分たちの場所）を与えてくれるのです。

新しい世界には、新しい声が必要です。その声を聴かせてください！」

このテーマは、五つの大陸から、作品を選んだということに、反映されています。また、ノンバーバルの作品も多かったようです。障害をもつ子どもたち向けの作品もありました。さらに、観客参加のある公演、アフタートークで、俳優と観客が話しあう公演もあったと聞いています。子どもたちの声を聴こうということでしょう。

■日本からの参加者

今回、日本からの参加者は、十二人でした。総会に参加する日本代表と

巻頭口絵ページに関連記事と写真を掲載しています。

明るいうちから始まった屋外での開会式は夜まで盛り上がった

して、下山久さん（アシテジ日本センター・副会長）、荒川貴代さん（同・監事）、そして私（同・事務局長）。

そして、広中省子さん、藤英子さん。CAN青芸の三人、りっかりっか＊フェスタから五人（下山さんを含む）でした。

移動日をいれて、ほぼ二週間の日程。円安にくわえて、航空運賃の高騰があり、参加しづらかったのかもしれません。社会主義国ということで、キューバの情報が少なかったのも、影響したかもです。

■総会の議事

総会ではまず、「世界アシテジの年会費を、各国ごとのセンターの収入の一・八％とする（下限・上限あり）」という議案が、賛成多数で可決されました。

次に、来年のアシテジ芸術家集会（二〇二五年三月二十四日から二十九日、フランス・マルセイユ）に続いて、再来年は、芸術家集会の代わりに、地域振興プロジェクトを実施するという、三年計画が承認されました。

アシテジ総会の演壇と会場

それから、三年後のアシテジ世界大会は、韓国のソウルでの開催（二〇二七年七月二十四日から八月一日）が、賛成多数で可決されました。

そのあと、この三年の間に、マイケル・ラムローズさん（デンマーク、元・世界アシテジ事務局長）が、逝去したという報告がありました。

また、下山久さん、イムラン・カーンさん（インド）他が、名誉会員に選ばれました。（うれしいニュースです）。

さらに、アシテジ生涯貢献賞が、韓国のキム・スキさん、アメリカのキム・ピーター・コバックさん、イギリスのヴィッキー・アイランドさん他に、贈られました。

■役員と世界理事の選挙

役員選挙では、会長のスー・ジャイルズさん（オーストラリア）、事務局長のルイス・バレンテさん（デンマーク）が、賛成多数で、再選されました。スーさんは、二期目。ルイスさんは、三期目となります。

また、世界理事選挙では、二〇人が立候補をして、新たに十三人が、選ばれました。

私も、前回に続いて、立候補したのですが、力及ばず。うまくいきませんでした。

立候補の理由は、二〇二一年の日本でのアシテジ世界大会のレガシーを残したいということでした。オンラインをまじえての運営など、これからの世界大会や芸術家集会のホストに、助言できるのではと思いました。

次に、演劇教育や児童青少年舞台芸術の研究者としての私の視点を、理事会に生かしたいと思いました。世界理事のほとんどは、実践家（俳優、劇作家、演出家、プロデューサーなど）です。ただ、助成金をもらって、継続的に組織の発展を目指すには、研究や調査も欠かせません。

それから、アジアの声を、理事会に届けたいと思いました。これまで、アジアの世界理事は二人だけで、ヨーロッパや北欧、スペイン語・ポルトガル語圏の理事よりも、少数でした。

もちろん、世界理事になれば、アシテジや世界の児童青少年舞台芸術の先端に触れられますから、それを日本に紹介したかったという理由もあります。

結局、アジアからは、キム・ソコンさん（韓国）、ショアブ・イクバルさん（パキスタン・ニュージーランド）が、再選されました。キムさんは、選挙後の世界理事会で、アシテジ副会長となりました。

■ITYARN研究大会

世界大会のプログラムのひとつに、アシテジのグループ会員である、ITYARN（国際児童青少年演劇研究ネットワーク）の研究大会がありました。（児童青少年舞台芸術の研究者の集まりとしては、唯一のものだと思います）。

本来は、私も研究発表をするべきなのですが、準備不足で、できませんでした。せめて、基調講演やラウンドテーブルで、いろいろ刺激をうけようと出かけました。

午前中の基調講演は、キューバ文化省舞台芸術協会の人による、「希望の劇場と世界」。キューバにおける児童青少年舞台芸術の歴史と特徴、これからの示唆を述べたものでした。

次に、三人の研究者による、パネル・ディスカッション。

カナダの研究者グループは、「敬意を持って共同想像する―関係、意味のある、素材と豊富さ」という題名で、劇団員と研究者と子どもたちが、都市部の野生動物について、くり広げたプロジェクト（演劇に浸る体験）について、発表しました。

韓国の研究者は、「若いアジアのシェイクスピアたち―アジアでTYAという題名で、アジアでの子どもたち向けのシェイクスピア」（児童青少年舞台芸術）を研究するための先駆者としてのシェイクスピア公演のビデオの収集・分析をとおして、それぞれの国の多様なTYAの比較研究をおこなうプロジェクトについて、発表しました。

メキシコの実践家は、「ハー・サー・ティペ（ありがとう）、世界の果て」という題名で、同じ題名の若い視聴者向けのショーや芸術をとおして、先住民（コムカック族）のコミュニティ間の研究と異文化調停をおこなったという実践報告をしました。

午後は、「芸術、包摂、そして教育学」という、ラウンドテーブルに参加しました。九つの研究論文について、話しあいました。題名だけ、紹介します。

▼「破壊と想像―子どもと十代の若者のためのディバイジング・シアターの解放的な方法」。
▼「暗闇を抜けて、光の中へ―若者の自殺行動や自殺念慮を防ぐためのシアター・イン・エデュケーションの潜在的利用の探求」。
▼「ルーレットのドラマツルギー―ディバイズされた TYAにおける、交流とアクセス」。
▼「現代アメリカのTYAにおける、障害の表現」。
▼「幼児教育と幼児向けの演劇―学習における喜びと遊びを刺激する」。
▼「リソースとしての柔らかさ―ドキュメンタリー・シアターにおける、青少年の主体性」。
▼「若者・メンタルヘルス・パフォーマンス―クロス事例分析」。
▼「でも、それは演劇ですか？　感覚と神経に障害をもった観客のための演劇の美学についての考察」。
▼『頭を空っぽにしていた』―美的体験を昇華させるために、美術館の力を変え、若者とともにディバイジングする」。

「ディバイジング（既存の戯曲を用いず、演出家や劇作家や俳優らが、全員で、演劇作品を一から作る手法）」や「乳幼児」や「障害」や「若者のメンタルヘルス（心の健康状態）」などが、最近の児童青少年舞台芸術研究のホット・トピックかもしれません。

■アジアパーティ

アシテジの世界大会では、毎夜、いろいろなパーティが開かれます。アジアパーティは、そのなかでも、人気の行事です。

今回も、韓国とインドと日本が中心となり、それぞれの国から、お酒やスナックを持ち寄り、振舞いました。日本グループは、女性の三人が、浴衣持参。（頑張って、スーツケースにいれて持ってきた）、日本酒やお煎餅も好評で、喜ばれました。

出し物では、アシテジ日本センター監事の荒川貴代さんによる、炭坑節の披露。りっかりっか＊フェスタ（国際児童・青少年演劇フェスティバルおきなわ）のスタッフと家族による、りっかりっか体操の披露。音楽にあわせて、みんなで踊り、楽しい時間を過ごしました。

■キューバの印象

キューバの印象をまとめると、歌やダンスが、生活のなかに溶けこんでいるかんじがしました。

開会式や閉会式では、キューバの子どもたちや若者たちによる、エネルギッシュなダンスと歌の公演がありました。

学校の授業のなかには、音楽とともに、ダンスがあるそうです。また、放課後のダンススクールも、無料だそうです。

ちいさなレストランでも、夕食時には、バンドがはいります。（ときどき、うるさいと思ったりしますが）。

経済的には、日本ほど豊かでないかもしれませんが、文化的には恵まれているのかもしれません。

■おわりに

旅の終わりには、乗り換え地のメキシコ・シティで、規制により飛行機に搭乗できなかったり、ホテルの氷でお腹を壊したりと、いろいろなトラブルもありました。また、世界理事になれなかったのは、とても残念だし、ITYARNの研究大会で発表できなかったという、後悔もあります。それから、今回は、ほとんど舞台芸術公演を、見られませんでした。もったいなかったなという気もします。

ただ、七年ぶりに、世界中の多くの友人知人と再会して、いろいろな話ができたのは、よかったです。

【上】アジアパーティの準備をする参加者たち
【下】アジアパーティで「りっかりっか体操」を披露

前述したように、三年後のアシテジ世界大会は、韓国のソウルで開催されます。韓国で開催されるのは、二〇〇二年以来、約二十三年ぶり。

前回の韓国のソウルでの世界大会には、日本から四〇〇人を超える参加があったそうです。

三年後の韓国のソウルでの世界大会も、アシテジ日本センターとして、おおいに協力していきたいと思っています。

韓国は、キューバよりも近いし、航空運賃や滞在費も安いです。しかも、多くの日本の学校は、夏休み中です。二〇二七年七月二十四日から八月一日、いまからスケジュール帳に書きこんでおいてください。いっしょに、韓国のソウルのアシテジ世界大会にいきましょう。

ASSITEJ
国際児童青少年舞台芸術協会
世界大会2024
@キューバ・ハバナ

びっくり・異文化・観劇体験

第21回アシテジキューバ世界大会に参加して

広中省子　ジョイントフェスティバル協議会会長

今年5月23日から6月5日まで、11泊14日の日程でキューバ大会に行ってきました。日本からの参加者は12人でしたが、全日程参加者は私を含めて3人のみ。今までになく参加者が少なくとても残念でした。

滞在中は毎日びっくりするような出来事に、何なんだ！と思うことも多々ありましたが、そのことで私たち日本人の良いところや変えた方がいいところにも気づけました。振り返るとキューバでの異文化体験は本当に貴重で、しみじみ行って良かったと思います。またチャンスがあれば、変化を遂げたキューバの姿を見に行きたいと思います。私が垣間見たキューバの魅力と大会の様子をお伝えします。

びっくりのはじまり！

今までの世界大会では現地に到着すると、大会本部のような所で受付し、ネットで購入したチケットと参加証のタグ、パンフレットや観光の案内などが入った記念のトートバッグをもらいました。タグとトートバックがアシテジで来ている人の目印でした。

今回も事前にネットで予約した10作品のチケットと空きがあればすべてに参加できる「アクセスパス」を団体割で5万円くらい払って購入しました。その時、紙媒体の資源削減に協力して欲しいが、どうしても必要な人はチェックを入れるようになっていたので、私は「必要」にチェックをしておきました。しかし受付では名前を確認しただけで、紙媒体どころか「アクセスパス」のタグすらもらえませんでした。

確かに会期中、劇場の入口で入場のチェックは全くなかったので、あってもなくても同じでしたが、一体10作品の予約は何だったのか？　「社会主義の国にサービスやおもてなしの概念はないので期待してはいけない」とガイドブックに書いてあったのを思い出し、そんなキューバのびっくりを楽しむことにしよう！と思いました。

スペインの劇『ヒューゴ』のチラシ

キューバ観劇事情！

■会場が分かりにくい――キューバ大会は、ハバナ市内の大小さまざまなホール十数カ所を使って行われました。大きなキューバ国立劇場と中規模のブレヒト文化センター以外は、日本でいう小劇場系のホールでした。間口が狭く街並みの中にあって、知らないと見過ごしてしまうような会場なのに、のぼり旗やポスターといった目立つものが何もないので、迷いました。タクシーに乗って近くの別の劇場に降ろされたこともありました。

■時間通りに始まらない――キューバでは、開演時間になっても始まらないのが普通でした。またそれに対して文句をいう人もいませんでした。日本だったら大問題です。文化施設に勤めていたので分かりますが、クレームの嵐です。キューバでは問題にならないことに、日本ではピリピリしています。私たちが、いかに時間や規則に厳しい文化の中で生きているかを自覚しました。

■上演環境に対する配慮不足や上演トラブルが多い――地元の小学生を招待することは良いことですが、「幼児向けの3～4歳児向けの魅力的な内容です」と書いてある作品に幼児の観客以上の小学1～3年生が入ってきたり、お芝居が始まって20分くらいしてから子どもたちが到着し、芝居が完全に中断してしまったり、上演中に停電して上演できなかったり、電力不足による学校の就業時間の短縮で開演時間が大会中に変更になったり、といったことが多かったことにも驚きました。

私のベスト3！

いろいろなことがあったキューバ大会でしたが、上演された27作品中、実際に私が観たのは14作品。その中のベスト3を紹介します。

●『ヒューゴ』　オス・ナウフラゴス・テアトロ（スペイン）

ＡＳＤ（自閉症スペクトラム障害）という発達障害を持つ少年ヒューゴと少女が心を通い合わせていく過程を描いた作品。舞台中央に置かれたヒューゴの心の世界を象徴しているかのような、中がぼんやり透けて見える四角い部屋。その中でピアノを弾いたり、時折外に出ては空を飛ぶ飛行機を眺めたりして過ごすヒューゴの平穏な日常に、部屋の外の植木鉢に惹かれて、植物好きの少女が関わろうとしますが、二人は全くかみ合いません。しかしある時、飛行機を見るために部屋から出て少女と一緒に飛行機を眺めたことをきっかけに、少女も飛行機に関心を持つようになり、二人の距離は縮まっていきます。他者を理解することの難しさと可能性について深く考えさせられた舞台でした。ヒューゴ役の俳優の自然な演技、ピアノの楽曲の美しさ、照明の美しさが印象に残りました。

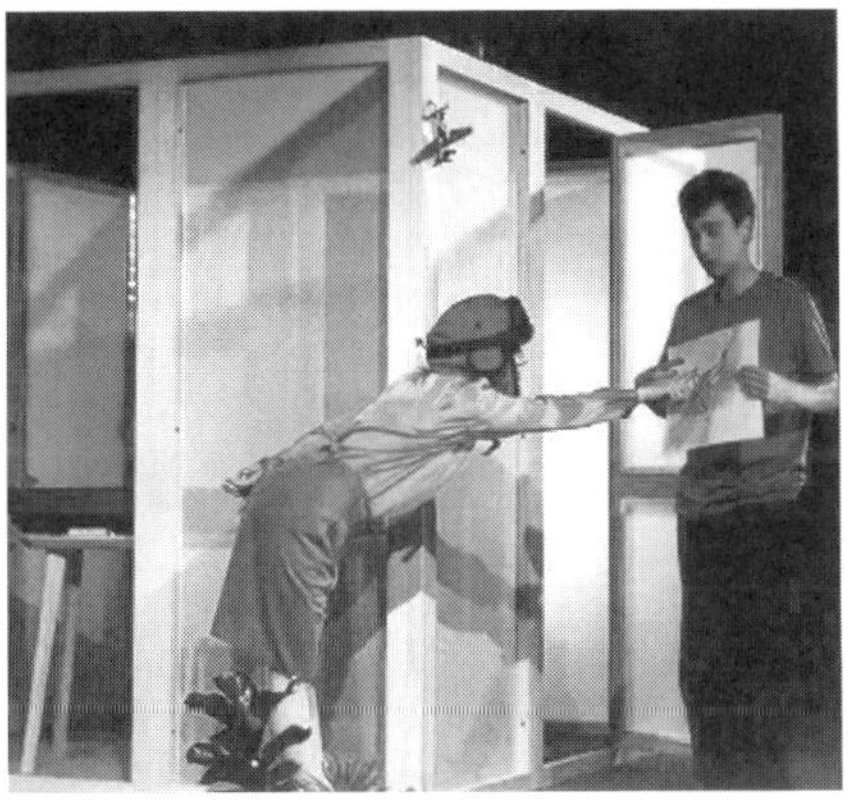

●『トントントン』　Play BST（韓国）

日本ではまだ珍しい、7歳以上の発達障害のある子どもたちとその家族と障害のない一般の観客のために創られた作品です。入口で名札に名前を書いてもらって胸に貼り、会場に入るとあたたかい心地良さを感じました。感覚的な多様性を持つ子どもたちがリラックスできるような配慮が隅々に行き届いていると感じました。俳優は一人ひとりに、名前を呼びかけながらパフォーマンスや遊びへ参加を促していきます。俳優が差し出す遊び道具の一つひとつが美しく魅力的で、子どもたちの主体性を引き出す俳優の力量と舞台全体の芸術性の高さに感心しました。最初は全く無表情だった子どもたちの表情がだんだん柔和になり、親のそばから動こうとしなかった子どもたちが、生き生きと周囲の人と関わっていくのです。アートの力を感じた舞台でした。

●『跳ね返った』　マグネットシアター（南アフリカ）

子どもたちが日常の遊びの中で経験する「仲間はずれ」が描かれます。悪意はないけど結果的に疎外してしまう状況、疎外されても屈託なく遊びに関わろうとする姿勢、でも簡単には修復しない関係など、子どもたちの世界には心が折れそうになる状況がありふれていて、ちょっとしたことから回復していく……子ども時代に経験する一見残酷とも思える、関わりの体験の積み重ねが、実は大切なのだと思えました。子どもたちが持っている生きる力やたくましさを信じて見守ろうよと言われたように感じた作品でした。

［舞台写真はいずれもアシテジ 2024 キューバ大会 HP より］

笑太夢マジック
〒221-0042　横浜市神奈川区浦島町5-16-608
TEL 045-453-5911　FAX 045-453-5911

デフ・パペットシアター・ひとみ
〒211-0035　川崎市中原区井田3-10-31
（財）現代人形劇センター内
TEL 044-777-2228　FAX 044-777-3570

日本伝統芸能を守る会
〒249-0005　逗子市桜山8-16-46
TEL 046-870-6061　FAX 046-872-5159

人形劇団 ひとみ座
〒211-0035　川崎市中原区井田3-10-31
TEL 044-777-2222　FAX 044-777-5111

リーフ企画
〒216-0022　川崎市宮前区平1-2-18-106
TEL 080-4163-3677　FAX 044-856-3679

東京都

アートインAsibina
〒160-0022　新宿区新宿5-18-20
ルックハイツ新宿803号
TEL 03-6403-5158　FAX 03-6893-3931

あくろばっと☆カンパニー飛天
〒135-0042　江東区木場2-13-2-1F
TEL 03-3630-7085　FAX 03-5809-8050

劇団 あとむ
〒169-0051　新宿区西早稲田1-4-18稲穂ビル202
TEL 03-6380-2852　FAX 03-6380-2853

NPO法人あそび環境Museum アフタフ・バーバン
〒181-0016　三鷹市深大寺1-3-3-1
TEL 042-226-4381　FAX 042-226-4382

民族歌舞団 荒馬座
〒174-0053　板橋区清水町81-4
TEL 03-3962-5942　FAX 03-3962-5021

一糸堂
〒191-0012　日野市大字日野7773-568新堂方
TEL 042-226-4381

イッツフォーリーズ（オールスタッフ）
〒111-0051　台東区蔵前2-4-5 K-FRONTビル8F
TEL 03-5823-1056　FAX 03-5823-1054

うさぎの森企画
〒162-0052　新宿区戸山2-30-1401
TEL 090-6526-4973

一般社団法人 ウリポ・はせ・カンパニー
〒205-0002　羽村市栄町2-4-23
TEL 042-555-2238

演劇集団 円
〒181-0013　三鷹市下連雀4-14-32興信三和ビル2号
TEL 0422-29-8135　FAX 0422-29-8140

劇団 おのまとぺ
〒201-0004　狛江市岩戸北2-6-18
TEL 090-9800-2787　FAX 03-3489-5451

香山ひまわり
〒198-0086　青梅市西分町2-492
TEL 080-1097-3438　FAX 0428-27-4642

劇団 影法師
〒180-0012　武蔵野市緑町2-1-5
TEL 0422-54-7770　FAX 0422-54-6070

千葉県

ぱぴぷぺぽ劇場
〒270-0163　流山市南流山1-3-2 カンフォート流山405
TEL 04-7159-9365　FAX 04-7159-9365

ホケキョ影絵芝居
〒294-0047　館山市八幡59
TEL 0470-22-2796　FAX 0470-22-2796

埼玉県

CAN青芸
〒357-0127　飯能市唐竹310-4
TEL 042-977-3002　FAX 042-977-3338

グレゴの音楽一座
〒333-0844　川口市上青木3-1-14-303
TEL 048-424-7351　FAX 048-424-7351

けんけんくじら
〒330-0043　さいたま市浦和区大東3-31-6
三宅由美子方
TEL080-1303-6751　FAX 0488-82-0468

シェフ伊とう
〒359-1163　所沢市西狭山ヶ丘1-3119-39
TEL 042-947-2385　FAX 042-947-2385

たかはしべん音楽事務所
〒350-0053　川越市郭町1-8-50
TEL 049-225-7100　FAX 049-225-4125

劇団 鳥獣戯画
〒358-0023　入間市扇台4-4-3
TEL 042-960-6000　FAX 042-960-6000

東京演劇アンサンブル
〒352-0011　新座市野火止3-16-24
TEL 048-423-2521　FAX 048-423-8738

劇団 虹っ子
〒332-0035　川口市西青木1-7-20
TEL 048-250-0744　FAX 048-250-0710

劇団 飛行船
〒350-1315　狭山市大字北入曽695-1
スポーツ＆スパリゾートソプラティコ狭山内
TEL 03-4500-6810　FAX 042-950-7706

人形劇団 望ノ社
〒343-0015　越谷市花田5-19-41
TEL 090-6176-7542

劇団 にんぎょう畑
〒368-0102　秩父郡小鹿野町長留3321-5
TEL 0494-75-2032　FAX 0494-75-5004

神奈川県

劇団 かかし座
〒224-0026　横浜市都築区南山田町4820-1
TEL 045-592-8111　FAX 045-592-8458

人形劇 木ぐつの木
〒224-0001　横浜市都筑区中川3-8-16-2
TEL 045-530-5114　FAX 0045-530-5114

人形劇団 くまさん
〒224-0012　横浜市都筑区牛久保2-6-1
TEL 050-5490-3887

オペラシアター こんにゃく座
〒214-0021　川崎市多摩区宿河原7-14-1
TEL 044-930-1720　FAX 044-930-1721

北海道

人形劇団 えりっこ
〒062-0035　札幌市豊平区西岡五条14-5-1
竹田洋一方
TEL 011-582-7753　FAX 011-582-7753

OHオフィス
〒064-0804 札幌市中央区南4条西6-8-3晴ばれビル310
TEL 090-3395-3940

劇団 風の子北海道
〒001-0027　札幌市北区北27条西11-5-7
TEL 011-726-3619　FAX 011-726-0303

新芸能集団 乱拍子
〒062-0024　札幌市豊平区月寒西4条6-4-23
TEL 011-855-2029

秋田県

アート企画 陽だまり
〒018-3332　北秋田市鷹巣字平崎上岱13-90
TEL 0186-63-1474　FAX 0186-63-1474

人形劇団 クスクス
〒015-0011　由利本荘市石脇字尾花沢54-13
TEL 0184-22-1712　FAX 0184-22-1712

わらび座
〒014-1192　仙北市田沢湖卒田字早稲田430
TEL 0187-44-3311　FAX 0187-44-3314

宮城県

てんたん人形劇場
〒985-0053　塩釜市南町20-11土屋高志方

福島県

劇団 風の子東北
〒966-0097 喜多方市字通船場19
喜多方シティエフエム内　TEL 090-6680-8120

なにぬの屋
〒963-8061　郡山市富久山町福原字三斗蒔田30-8-105
TEL 090-3533-8509　FAX 03-5539-4647

劇団ポポ
〒974-8241　いわき市山田町岸ノ内12　遠藤方
TEL 090-9630-4860

栃木県

劇団 らくりん座
〒329-2815　那須塩原市下大貫1246
TEL 0287-36-2488　FAX 0287-36-4843

群馬県

劇団 群馬中芸
〒371-0101　前橋市富士見町赤城山626-498
TEL 027-288-2700　FAX 027-288-2792

国際サーカス村協会
〒376-0303　みどり市東町座間41-1
TEL 0277-70-5010　FAX 0277-97-3688

児童青少年演劇　劇団MAP

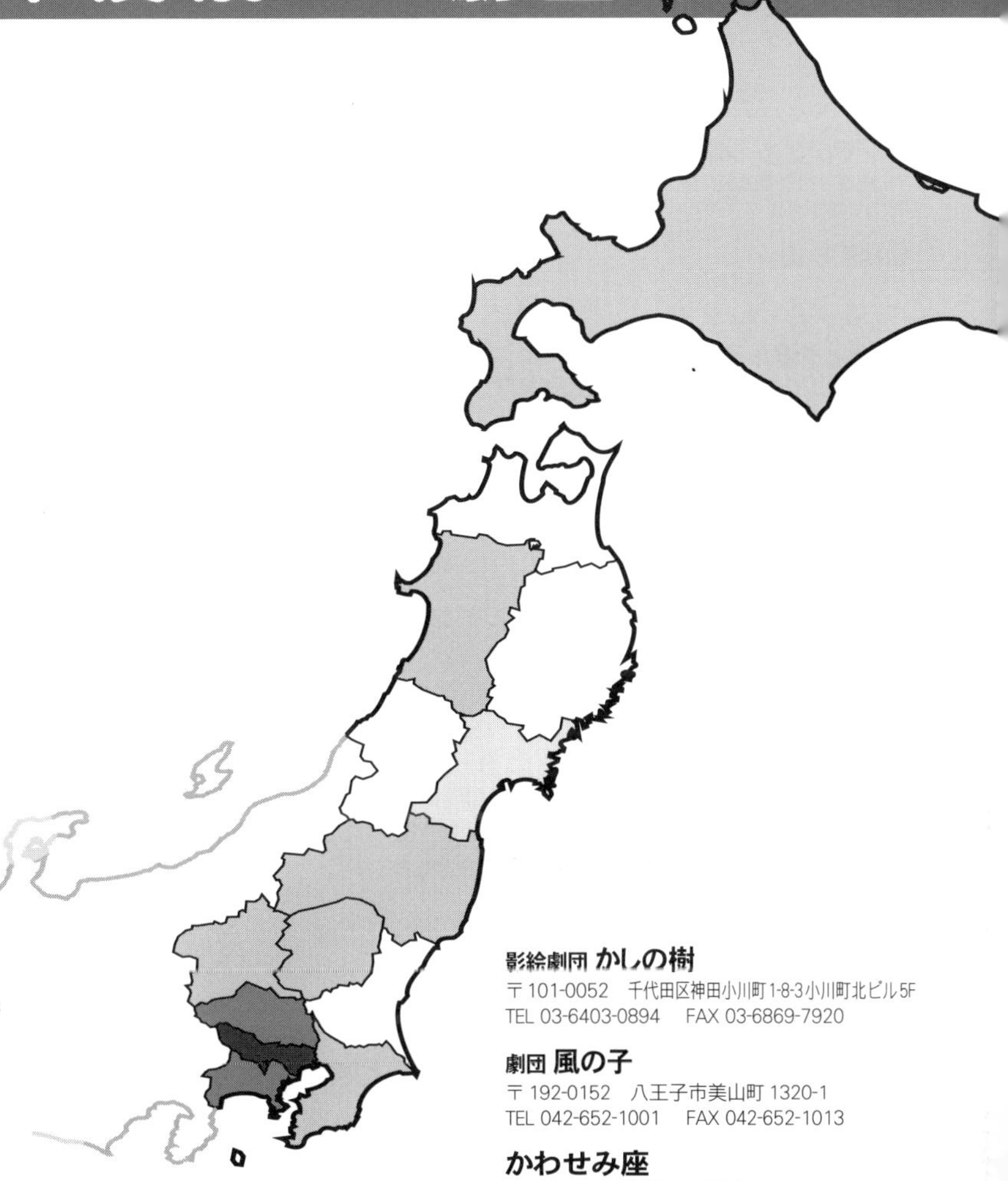

劇団 東少
〒168-0063 杉並区和泉 2-3-22
TEL 03-6265-7070　FAX 03-6265-7072

劇団トマト座
〒187-0001　小平市大沼町 4-33-10
TEL 042-313-6555　FAX 042-313-6559

オペレッタ劇団 ともしび
〒171-0033　豊島区高田 1-12-17 小黒ビル 2F
TEL 03-6907-2731　FAX 03-6907-3812

劇団 銅鑼
〒174-0064　板橋区中台 1-1-4
TEL 03-3937-1101　FAX 03-3937-1103

劇団 仲間
〒164-0012　中野区本町 4-26-5 S ビル 202
TEL 03-4405-2453　FAX 050-5433-1183

劇団 野ばら
〒203-0012　東久留米市浅間町 2-9-8
TEL 042-439-9778　FAX 042-439-9779

劇団 俳協
〒161-0034　新宿区上落合 1-17- 9
TEL 03-3950-5705　FAX 03-3951-3638

パントマイムプラネット
〒167-0034　杉並区桃井 4-9-11-201
TEL 03-5382-5539

汎マイム工房
〒173-0037　板橋区小茂根4-3-4勘清コーポ201
TEL 03-6905-8908　FAX 03-6905-8909

人形劇団 ひぽぽたあむ
〒183-0016　府中市八幡町 2-19-6 オークヒルズ府中 303
TEL 042-369-1246　FAX 042-369-0644

劇団 ひまわり
〒150-0021　渋谷区恵比寿西 2-12-12
TEL 03-3476-0011　FAX 03-3476-1439

人形劇団 プーク
〒151-0053　渋谷区代々木 2-12-3
TEL 03-3370-5128　FAX 03-3370-5120

劇団 フジ
〒171-0032　豊島区雑司ケ谷 2-3-14
TEL 03-6907-0956　FAX 03-6907-0965

劇団 ポプラ
〒105-0004　港区新橋 6-9-4 新橋 6 丁目ビル 7F
TEL 03-5405-0966　FAX 03-5405-0967

人形劇団 ポポロ
〒189-0012　東村山市萩山町 1-8-39
TEL 042-344-3389　FAX 042-346-6118

演劇集団 未踏
〒121-0816　足立区梅島 1-5-3
TEL 03-3880-0034　FAX 03-3880-0034

演劇集団 遊玄社
〒164-0003 中野区東中野 3-4-2
TEL 03-3369-4319　FAX 03-3369-4319

吉田水子企画
〒194-0031　町田市南大谷 1329-256
TEL 050-3746-1566　FAX050-3737-0238

演技集団 朗
〒115-0045　北区赤羽 2-45-4 石井マンション 401
TEL 03-6672-1188　FAX 03-6674-8654

ただじゅん企画
〒173-0021　板橋区双葉町 9-11
TEL 03-6356-6779　FAX 03-6356-6779

人形劇場 だぶだぶ
〒168-0065　杉並区浜田山 4-26-11
TEL 03-3311-7080　FAX 03-3311-7080

劇団 角笛
〒176-0014　練馬区豊玉南2-23-6 グリーンビレッジ豊玉206
TEL 03-3994-7624　FAX 03-3994-7635

劇団 テアトル・エコー
〒150-0011　渋谷区東 3-18-3
TEL 03-5466-3311　FAX 03-5466-3313

東京演劇集団 風
〒164-0003　中野区東中野 1-2-4 セリタビル 3F
TEL 03-3363-3261　FAX 03-3363-3265

東京芸術座
〒177-0042　練馬区下石神井 4-19-11
TEL 03-3997-4341　FAX 03-3904-0151

東京ミュージカルアンサンブル
〒182-0006　調布市西つつじケ丘 4-23
神代公団住宅 47 号館 107 号
TEL 080-8868-6744

影絵劇団 かしの樹
〒101-0052　千代田区神田小川町 1-8-3 小川町北ビル 5F
TEL 03-6403-0894　FAX 03-6869-7920

劇団 風の子
〒192-0152　八王子市美山町 1320-1
TEL 042-652-1001　FAX 042-652-1013

かわせみ座
〒191-0024　日野市万願寺 5-12-1
TEL 042-511-4092　FAX 042-511-4092

劇団 芸優座
〒182-0025　調布市多摩川 2-28-4
TEL 042-489-4555　FAX 042-489-9170

小心ズ
〒168-0071　杉並区高井戸西1-9-21兼新ハイツ106
TEL 090-2227-0659

一般社団法人 劇団 新児童
〒116-0002　荒川区荒川 5-49-7
TEL 03-3819-2321　FAX 03-3819-2321

スタジオエッグス
〒152-0034　目黒区緑が丘 2-24-23-201
TEL 03-6421-3171　FAX 050-3730-7955

スタジオ・ポラーノ
〒184-0003 小金井市緑町 5-13-24 現代座会館内
TEL 042-382-0150　FAX 042-382-0150

秋田雨雀・土方与志記念 青年劇場
〒160-0022　新宿区新宿2-9-20　問川ビル4F
TEL 03-3352-6990　FAX 03-3352-9418

劇団 前進座
〒180-8570　武蔵野市吉祥寺南町2-4-3劇団前進座ビル301
TEL 0422-49-2633　FAX 0422-45-0312

太鼓と芝居のたまっ子座
〒197-0003　福生市熊川 1346-2
TEL 0425-52-0046　FAX 042-552-2137

大阪府

アンサンブル・レネット
〒543-0053　大阪市天王寺区北河堀町10-8-1001
TEL 06-4305-0444　FAX 06-4305-0448

関西芸術座
〒550-0012　大阪市西区立売堀 3-8-4
TEL 06-6539-1055　FAX 06-6539-1056

人形劇団 クラルテ
〒559-0015　大阪市住之江区南加賀屋 3-1-7
TEL 06-6685-5601　FAX 06-6686-3461

一般社団法人 劇団 コーロ
〒546-0012　大阪市東住吉区中野 1-4-15
TEL 06-6704-0624　FAX 06-6703-7617

SPACEとりっくすたあ
〒569-0066　高槻市中川町 4-12 木村方
TEL 072-655-7570　FAX 072-655-7570

想造舎
〒535-0031　大阪市旭区高殿 2-12-18
TEL 06-6131-8884　FAX 06-6131-8894

表現のプロデュース OurPlay
〒532-0005　大阪市淀川区三国本町 1-14-3-201
山本つづみ方
TEL 06-6392-7581　FAX 06-6392-7581

Magica Mamejika
〒562-0041　箕面市桜 4-13-12
TEL 080-3850-3906

民族芸能アンサンブル 若駒
〒534-0021　大阪市都島区都島本通 2-4-9
TEL 06-6926-1244　FAX 06-6926-1245

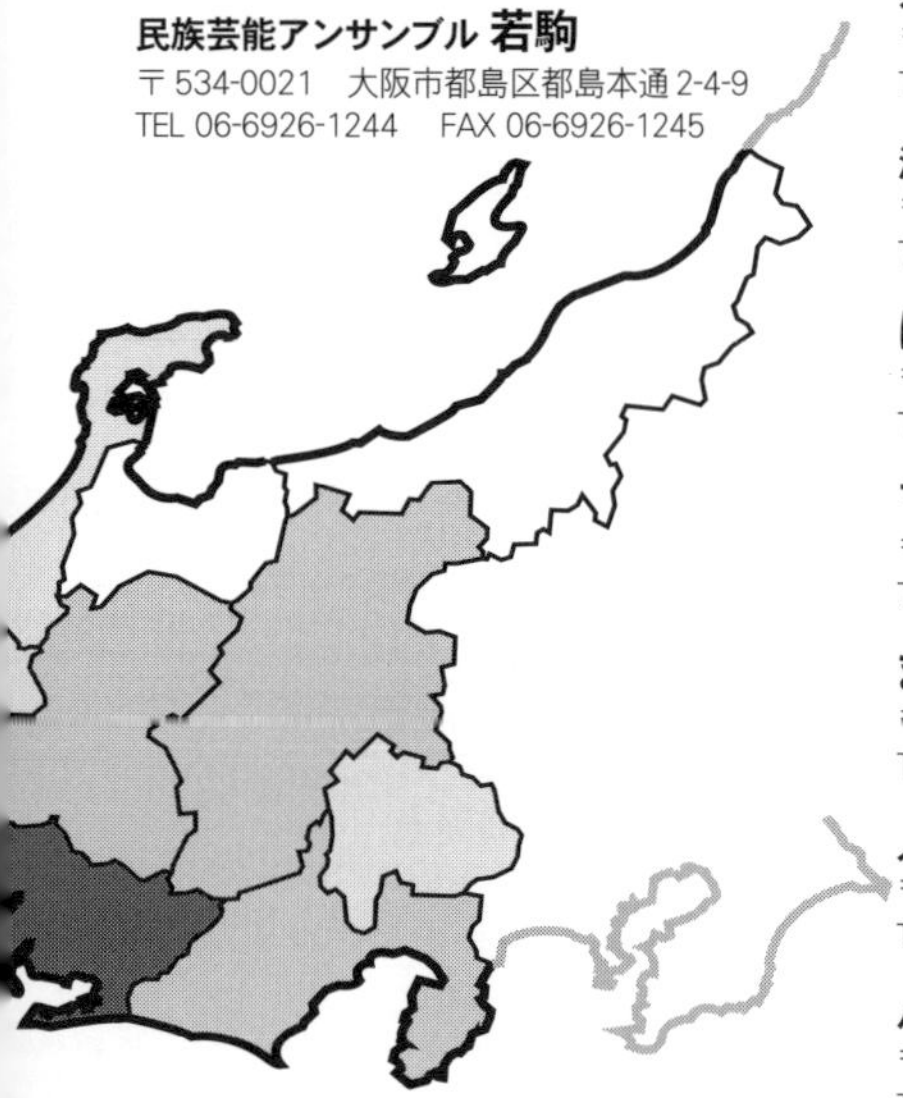

愛知県

人形劇団 あっけらかん♪
〒477-0032　東海市加木屋町陀々法師 14-187
TEL 0562-34-0939　FAX 0562-34-0939

劇団 うりんこ
〒465-0018　名古屋市名東区八前 1-112
TEL 052-772-1882　FAX 052-771-7868

クラウンファミリープレジャーB
〒453-0804　名古屋市中村区黄金通3-27-1㈲プレジャー企画内
TEL 052-483-7779　FAX 052-483-7774

さんさん劇場
〒458-0833　名古屋市緑区青山 2-162-2
TEL 090-1832-2816　FAX 052-629-7757

劇団 そらのゆめ
〒463-0035　名古屋市守山区森孝 4-131
TEL 052-773-7375　FAX 052-773-7375

総合劇集団 俳優館
〒460-0008　名古屋市中区栄 1-22-17
TEL 052-203-8721　FAX 052-203-8729

TEAMパフォーマンスラボ
〒451-0063　名古屋市西区押切 2-5-23
TEL 052-398-5551　FAX 052-398-5552

人形劇団 パン
〒486-0802　春日井市神領町 1-28-5
TEL 090-4868-5322　FAX 0568-84-6364

人形芝居 ぶんぶく
〒441-8143　豊橋市松井町字松井 40-2
TEL 090-7862-3651　FAX 0532-39-9785

演劇人 冒険舎
〒454-0849　名古屋市中川区小塚町 78 番地
TEL 052-304-8803　FAX 052-304-8803

ほんわかシアター
〒470-0104　日進市岩藤町一ノ井 899-45
TEL 090-1438-4563　FAX 0561-59-2023

マーガレット一家
〒465-0092　名古屋市名東区社台1-3-2井上ハイツ103
TEL 052-739-5214　FAX 052-739-5216

まんまる企画
〒465-0073　名古屋市名東区高針原 1-514
TEL 090-7812-2718

人形劇団 むすび座
〒459-8001　名古屋市緑区大高町川添 86
TEL 052-623-2374　FAX 052-623-9520

パペットシアター ゆめみトランク
〒453-0862　名古屋市中村区岩塚町字小池1-62-110号
TEL 090-9909-8285　FAX 050-3488-5394

よろず劇場とんがらし
〒475-0838　半田市旭町 1-22-11
TEL 0569-24-0046　FAX 0569-24-0046

ラストラーダカンパニー
〒453-0838　名古屋市中村区向島町3-14シャルム晴201号
TEL 050-6872-8646

長野県

人形芝居 燕屋
〒390-1243　松本市神林 5108 － 8
TEL 0263-58-1357　FAX 0263-58-1357

ホーボーズ・パペットシアター
〒399-8305　安曇野市穂高牧 2289-1
TEL 0263-83-6628　FAX 0263-83-6628

静岡県

人形劇 じゅごん
〒419-0107　田方郡函南町平井 1063-1
TEL 090-8333-5361　FAX 055-978-2190

劇団 たんぽぽ
〒435-0015　浜松市中央区子安町 323-3
TEL 053-461-5395　FAX 053-461-6378

茶問屋ショーゴ
〒421-0506　牧之原市大寄 488-4
TEL 0548-54-0510　FAX 0548-54-0510

山梨県

森の劇場
〒400-0423　南アルプス市落合 813
TEL 070-5460-2010

福井県

人形劇団 とんと
〒915-0873　越前市池ノ上町 67-39
TEL 0778-24-3147　FAX 0778-24-3148

石川県

わらべうたとえんげきの広場 はちみつ
〒923-1121　能美市寺井や 63-1　清光方
TEL 0761-58-8161　FAX 0761-58-8161

岐阜県

劇団 風の子中部
〒500-8241　岐阜市領下 21-16
TEL 058-215-7700　FAX 058-215-7701

劇団 なんじゃもんじゃ
〒508-0203　中津川市福岡 942-1
TEL 0573-72-5655　FAX 0573-72-5655

人形劇団 ぽけっと
〒509-5161　土岐市泉が丘町 6-30
TEL 0572-54-2790　FAX 0572-54-2790

児童青少年演劇　劇団MAP

福岡県

劇団 風の子九州
〒814-0002　福岡市早良区西新 5-5-13
TEL 092-841-7889　FAX 092-841-7896

劇団 ショーマンシップ
〒810-0063　福岡市中央区唐人町 1-10-1 カランドパーク203
TEL 092-716-3175　FAX 092-722-5205

劇団 すきやき
〒814-0123　福岡市城南区長尾 2-3-123 倉元達朗方
TEL 092-522-4545　FAX 092-522-4545

劇団 ドリームカンパニー
〒812-0054　福岡市東区馬出 1-8-20
TEL 092-651-1094　FAX 092-651-1089

人形劇団 ののはな
〒803-0852　北九州市小倉北区新高田 1-14-6
TEL 093-582-5139　FAX 093-582-5139

劇団 結
〒814-0132　福岡市城南区干隈 2-57-15 大屋哲二方
TEL 092-861-3033　FAX 092-861-3033

佐賀県

人形芝居 ひつじのカンパニー
〒840-0851　佐賀市天祐 1-15-18
TEL 0952-97-7455　FAX 0952-97-7455

大分県

劇団 3piece puzzle
〒870-0244　大分市須賀 1-10-25 香川絵里奈方
TEL 090-7983- 6361　FAX 097-569-0369

熊本県

Theちゃぶ台
〒869-1227　菊池郡大津町新 295-1　宮澤方
TEL 096-294-5977　FAX 096-294-5977

宮崎県

演劇企画「二人の会」
〒880-0926　宮崎市月見ヶ丘 6-4-13
TEL 0985-52-7818　FAX 0985-52-7818

鹿児島県

プレイシアター もぜ
〒891-0102　鹿児島市星ケ峯 4-38-17 福迫方
TEL 099-275-2964　FAX 099-275-2964

沖縄県

エーシーオー沖縄
〒902-0067 那覇市安里 388-1 ひめゆり同窓会館 3F
TEL 098-887-1333　FAX 098-887-1334

沖縄歌舞劇団 美
〒902-0076　那覇市与儀368-13-1F (株) CHURA内
TEL 098-987-1327　FAX 098-993-7890

奈良県

人形劇団 ココン
〒630-8044　奈良市六条西 6-1-10
TEL 0742-49-4503　FAX 0742-49-4503

兵庫県

(株) G･E―JAPAN
〒663-8233　西宮市津門川町 2-9 兵濱西宮ビル 3F
TEL 072-800-5207　FAX 072-875-4788

工房太郎
〒658-0063　神戸市東灘区住吉山手 8-6-22
TEL 078-846-2196　FAX 078-846-2197

香川県

とらまるパペットランド
〒769-2604　東かがわ市西村1155とらまる公園内
TEL 0879-25-0055　FAX 0879-25-0065

高知県

オフィスNG
〒781-0315　高知市春野町東諸木 505-1
TEL 088-841-9060　FAX 088-841-9060

京都府

劇団 風の子関西
〒618-0071　乙訓郡大山崎町字大山崎小字鏡田45番地28
TEL 075-957-8502 FAX 075-951-1810

劇団 京芸
〒612-8279　京都市伏見区納所北城堀 31-18
TEL 050-3385-3822 FAX 075-631-2609

人形劇団 京芸
〒611-0022　宇治市白川鍋倉山 35-20
TEL 0774-21-4080　FAX 0774-21-4092

くわえ･ぱぺっとステージ
〒612-8082　京都市伏見区両替町 3-323-501
TEL 075-621-4356　FAX 075-320-2731

人形劇屋 たくたく堂
〒611-0013 宇治市莵道町谷下がり45三室戸団地8-201
TEL 0774-23-0390　FAX 0774-23-0390

PB office Y
〒611-0031 宇治市広野町丸山9-11 ラルジュ大久保 1-A
TEL 090-3702-7286

パペットシアター らせんくらぶ
〒612-8116　京都市伏見区向島西堤町 76-1
アトリエ・パペット
TEL 090-8889-7184　FAX 075-623-2566

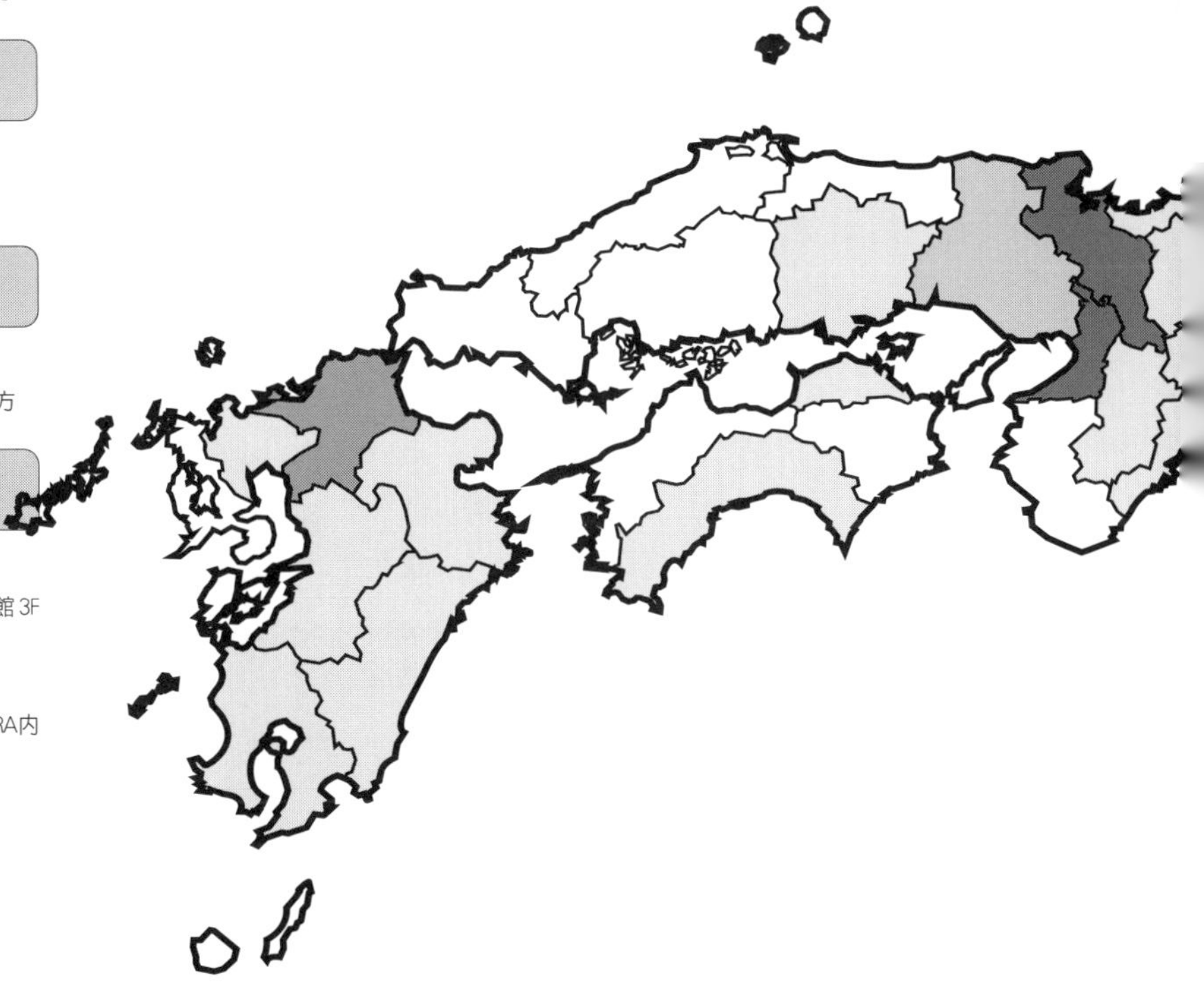

ONステージ
児童・青少年演劇評

本当にあったかい〜い！

人形劇団ポポロ『てぶくろ』

原作＝ウクライナ民話　演出・脚本＝三好和美　音楽＝栗木 健

野口祐之
清明学園初等学校 教諭

三月二十四日（日）、江東区亀戸文化センターにて、人形劇団ポポロによる『てぶくろ』を観劇した。

普段は大研修室として使われる会場も、人形劇の舞台装置と明るい童謡のおかげでいい雰囲気。舞台前の桟敷席ではリラックスムードの親子連れがおしゃべりしたり遊んだりしている。

「みなさーん、準備はいいですかあ？」

「おまじないをかけるよ〜。アブラカダブラ！ ぶたのへそ！」

子どもたちの期待をふくらませるナレーションでスタート！

オープニングは、ボールや風船や傘などが登場！ 音楽に合わせて、跳んだり跳ねたり、くるくると舞い踊ったり……。普段は、道具として使っている物たちに命が吹き込まれる。まるで、生き物のように躍動している。子どもたちは、食い入るように、じっと見つめていた。会場は一気に明るくなる。ボールの色は、青と黄色で、ウクライナの国旗の色だと気づく。今回の公演のメインは『てぶくろ』。原作は、ウクライナの民話をもとにした絵本である。軽やかに明るく弾む青と黄色のボールを見ながら、ウクライナに早く平和な日常が戻ることを願う。

劇団ポポロの代表を務める山根宏章氏扮するポポロおじさん登場。ネズミのチュー太くんとの小気味のよいやりとり！ 子どもたち、大受け！

続けて『海のラプソディ』という短編人形ショー。影絵的な演出も取り入れて楽しい。魚がツーツーと泳ぐ様子がリアル。音楽に合わせて、ヒトデでキャッチボール。巨大な魚が現れて食べられたけど、おなかの中で暴れて脱出！ 子どもたち、ますます夢中になって見つめている。メリハリのある動きの工夫によって、子どもの心をがっちりつかんでいる。

さあ、いよいよ『てぶくろ』。期待がふくらむ。山根氏扮するポポロおじさん再登場。今度は犬のノーチとのやりとり。雪まみれになっているノーチを気づかうおじさんの優しさがにじみ出ている。「家に帰って温かいボルシチでも食べよう。」と去っていく。と、その後にてぶくろが一つ。おじさんが落としてしまったのだ。

その後、食いしん坊ネズミ、カエルのおばさん、速足ウサギ、風邪ひきキツネ、一匹オオカミ、猛進のイノシシ、のっそりぐまと、いろいろな動物たちが登場しては、てぶくろの中に入っていく。

動物たちのキャラ設定がそれぞれちがっていておもしろい。キャストは四人。オープニングなどを含めて、一人、二・三役をこなしている。声の演技でキャラを演じ分けている。プロの仕事だ。

・「チュチュチュチュチュ〜！」とすごい勢いで雪を掘り返してドングリをさがすネズミくん。
・イノシシがつっこんで木にキバがささってしまって、みんなで引っ張ってぬく場面。
・てぶくろの中にクマまでも入ってしまって「ぼくの耳ふんでいるのだあれ？」など、大さわぎしている場面。

人形劇団ポポロ
『てぶくろ』

などなど、子どもたちが大喜びするシーンが次々と展開される。笑って笑って盛り上がっているうちにエンディングとなってしまった。「ああ、楽しかった！」という子どもたちの笑顔であふれていた。

観劇する前に、わたしは、「あの短いお話をどうやって、一本の人形劇にするのだろう？」と思っていた。が、みごとに子どもの心を惹きつけるすてきな作品に仕上がっていて驚かされた。

てぶくろの中に入りたいという動物たちの思いがていねいに描かれていた。このままでは、凍えてしまうという切実さとてぶくろの中の温かさ、気持ちよさがよーく伝わってきた。

大きな動物たちが入っていくと、てぶくろがふくらんで大きくなっていく演出もおもしろかった。大きくなるだけでなく、中にソファーやベッドやキッチンまで作ってしまう。さらに、てぶくろの窓を開いて、中からのぞくという大胆な演出。ウサギとオオカミが並んでごきげんにおしゃべりする姿が窓から見えたのは爽快であった。てぶくろは、誰もが子どものころ夢見る秘密基地そのものだ！

動物たちはてぶくろの中に入ると、口々に「ああ、あったかーい。」と喜びの声を上げる。それは、てぶくろそのものの温かさ、仲間と肌と肌をくっつき合わせるお互いの温もり、それと、何よりお互いを思いやる心の温かさ、全てが合わさった温かさなのだ。

ラストシーンでは、動物たちはてぶくろを出ていく。「ぼくたちは十分にあったまった。この家（てぶくろ）は持ち主に返そう。」と。

ポポロおじさんは、犬のノーチが見つけてくれたてぶくろを持って、また我が家へと帰っていく。自分さえよければいいという世の風潮に対して、この物語は「分け合おう」という優しさで満ちている。

全体を通して、本当に明るく温かい。山根氏を始め、巧みな人形操演と声の演技の素晴らしさに拍手を送りたい。

心が元気になった。感謝！

江戸時代の空気感を楽しむ

前進座 青少年劇場
『まげすけさんとしゃべるどうぐ』

原作＝太田大輔　脚本＝鈴木龍男　演出＝横山あさひ　音楽＝栗木 健

森田勝也　（公社）日本児童青少年演劇協会

普通の人間が出てきて、しかも日頃見ている身近な道具や物としゃべるという設定の芝居は初めて観た。しかも、生の人間とモノが話すのである。あの伝統と格式のある前進座がと思いながら、「前進座としゃべる道具」の取り合わせに興味津々の観劇となった。

演劇は無限に自由であり、何でもありの世界である。人がしゃべっても物がしゃべってもいいし、見えないものがしゃべってもいいのである。そういえば、教室にあるいろいろなものに目だけをつけておしゃべりするあそびを見たことがある。黒板けしや鉛筆、それに掃除道具等なんでも良いみたいである。子どもたちは大喜びで勝手に教室にある道具たちになってしゃべりだすのである。このあそびには必然性はいらない。ただ楽しければ良いし、それで十分その時点での教育のねらいが達成できる。寡黙な子も物になると話しだすというから何かになって話すというのは、人だけが持ちうる想像力という能力の一つなのだろう。この例は子どものあそびであるが、人に見せる芝居となるとそうはいかないだろう。そこには作者や演出家の意図があり必然性がなければならないだろう。そんなことを思いながら亀戸文化センターに足を運んだ。

芝居の話そのものは単純である。江戸時代、髪結いで一人暮らしのまげすけさんが、さびしさのあまり、話し相手に身近にある道具たちに話しかけているうちに、その道具たちがしゃべりだし、話し相手になってくれるようになる。それが、世間に知れ渡り、まげすけさんの留守の間に泥棒がその道具たちを盗みだして売ろうとするが、道具たちはしゃべってくれない。そこにまげすけさんがやってきて道具たちを助け出し、めでたしめでたしという内容である。それを四人の達者な役者が入れ替わり立ち替わり演じるのである。

前進座だけに江戸時代の庶民の暮らしぶりが四人で歌いながら登場してくる幕開きからその雰囲気に引き込まれる。衣装やまげ、当時使われていただろう身近な道具たち、ちょっとした小物も含めてこうだったのだろうなと想像させるほぼ完璧な江戸時代の庶民の暮らしぶりの雰囲気を再現してくれている。江戸時代の風景を描いた背景の絵も柔らかく描か

劇団前進座『まげすけさんとしゃべるどうぐ』　［撮影：金井恵蓮］

れていてさわやかな効果をあげていた。役者の所作や物言いもさすがで、安心して共にその時代にタイムスリップさせてくれる。ただ、それぞれ楽器をもちながら楽しく歌いながら登場してくるのだが、アコーディオンがあるのがちょっと驚き、違和感をもった。江戸時代にもあったのかもしれないが、もっと日本的な楽器のほうがこの場には適していたように思えた。孤独でさびしい日々を暮らす、まげすけさんに道具たち話しかけ友達になるという必然性も十分伝わってくる。ひとりぼっちのさびしさや哀しさは子どもも大人もみんな体験し共感できるし、この舞台もそんな気持ちで観ている人もいるに違いない。

　ほぼ満席の観客や子どもたちはすぐに舞台と一体化し、劇場の空気が江戸時代になっていく。ここぞというときに子どもたちの声や歓声があがり、芝居のなかに入り込んでいき、しゃもじや行灯、道具たちがしゃべるのに何の違和感ももっていないのがわかる。演劇のもつ不思議な力を改めて知らされ、子どもたちの持つ想像する力のすごさに羨ましささを感じる。少なくとも私の三倍は芝居を楽しんでいる。

劇団前進座『まげすけさんとしゃべるどうぐ』［撮影：金井恵蓮］

　演劇は総合芸術と言われるが、脚本と美術、音楽、そして演出、それに確かな演技力があればあっという間に観客は舞台に引き込まれ異次元の世界に引き込まれていく。子どもたちはなおさらである。それを目の当たりに見せてくれた舞台であった。江戸時代の雰囲気を楽しみ、孤独な髪結いのまげすけさんが救われ、道具たちとの友情の温もりに心和まされる芝居である。単純で分かりやすく、誰もが共感できる話である。それは、一人一人のもつ演技力とそのアンサンブルを引き出す力が重要であり、そこから生まれる舞台空間は前進座でなければ作りえない舞台だろうと思い、いろいろな意味で大いに楽しめる舞台であった。

（三月二十三日、亀戸文化センターにて）

ONステージ
児童・青少年演劇評

仲間と共に成長するバディドラマ

人形劇団京芸『とどろヶ淵のメッケ―いのちの水を取り戻せ―』

演出・脚色＝北村直樹　原作＝富安陽子　美術＝清水正年　音楽＝ノノヤママナコ
照明＝尾鷲武志　舞台装置製作協力＝吉田貴志　制作＝山本いずみ

小林由利子
明治学院大学

児童青少年演劇全国横断公演の一環である人形劇団京芸の『とどろヶ淵のメッケ―いのちの水を取り戻せ―』を、二〇二三年十一月二十四日（金）に神奈川県立青少年センター紅葉坂ホールで観劇した。

ブラブラした足のパペットで甲高い声のソッカが登場したとき、内心大丈夫かなと不安がよぎった。しかし、そんな杞憂はすぐに吹き飛ばされ、個性の異なるメッケとソッカとヨッシャという河童たちが困難を乗り越えながら信頼関係を築いていくプロセスに、はらはらどきどきしながら最後まで観てしまった。まさにバディドラマで、子どもから大人まで熱狂させた。

舞台装置は、シンプルであるにもかかわらず、大道具を移動させたり、布を使って池を表現したり、さまざまなパペットを登場させたりすることで、場面を転換していた。特に、照明が効果的にデザインされ、美しかった。

目だけがいい主人公である河童のメッケは、竜ヶ滝があり水の豊かなとどろヶ淵にたくさんの河童たちと一緒に住んでいる。河童一族は、年一度だけ水源の龍神沼で「夏越しの大相撲大会」を開催し、その年の頭領も決めている。しかし、メッケは、いつも留守番役なってしまう。みんなが出発した後にメッケは、竜ヶ滝の水が涸れていることに気づき、みんなにこのことを伝えるために滝を登っていく。その途中で頭がよくて物知りで気の強い河童女子のソッカと、力だけが自慢の大柄のヨッシャと出会い一緒に龍神沼を目指す。しかし、個性の違う三人は、喧嘩ばかりして、協力できない。しかし、何度も危機的状況に直面して、徐々にお互いの距離が縮まっていき、信頼関係を築いていく。旅の途中で出会う母イノシシは、子イノシシを見失いイラついているが、メッケたちが子イノシシを見つけ出すと、三つの願いを叶えてくれる岩王の石をメッケたちに渡す。この母イノシシのパペットが、びっくりするくらい大きくてメッケたちを脅かすのに効果的だった。巨大な母親に対して、うりぼうが小さくて、動きも可愛らしかった。この母子パペットの対比がおもしろく、うりぼうに再会した母イノシシの豹変ぐあいもおもしろかった。この作品には、根っからの悪者は登場せず、何らかのかたちでメッケたちを助けていた。他に登場する毛虫、ウロウロ、大ガメなどのパペットもユニークで、観客は驚きながら物語にどんどん引き込まれていった。

三人が竜神沼に辿りつくと、沼の水は枯れ、岩に行司の軍配と河童の大好物のキュウリの束だけが引っかかっているだけで、どこにも河童たちはいない。そこに不思議な大ガメがやってきて、河童たちがへそ石を動かしたので沼の底が抜けて、全てものが地の底に吸い込まれた、とメッカたちに語る。大ガメは、三百二十年前に沼の底が抜けたとき、河童の頭領が自ら地の底に身を投じて、他の河童を助

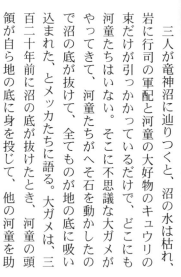

人形劇団京芸『とどろヶ淵のメッケ―いのちの水を取り戻せ―』

けたことを話す。

　メッケは、地の底がどんなところか見てみたいと言う。メッケの言葉に、自己犠牲の悲壮感はなく、好奇心であふれている。ソッカは、書かれた名前が名前の主を呼び戻してくれるという河童族の言い伝えがあるから、メッケに飛び込む前に名前を書くように言う。メッケは、岩に名前を書いて、元気よく穴に飛び込むと、ソッカとヨッシャのところにウロウロが現れる。ウロウロは、三百二十年前の自己犠牲した頭領の影で、ずっと自分自身を捜し続けている。ウロウロは、メッケの影が近くにいるから朝になる前にメッケの名前を呼べば、メッケが地の底から戻っていると二人に教える。しかし、二人は雷にうたれて、ウロウロから聞いたことをすっかり忘れてしまう。そのとき、穴に吸い込まれた河童や魚が、空から降ってきて、水の中に飛び込んでいく。ソッカとヨッシャは、メッケを地の底から救い出すために彼の名前を呼ばなければならないのだが、すっかり忘れてしまっている。

　すると自然発生的に観客の子どもたちから「メッケ！」、「メッケ、メッケ！」、「メッケだってば！」、「メッケ！」と叫び声が次々に発せられた。その声は、必死で真剣だった。やっとソッカとヨッシャは、「メッケ」と呼ぶことを思い出し、メッケを地の底から救い出す。自然に観客から安堵の拍手が沸き上がった。メッケの黒い影は、メッケの体を探し出し舞台中央で一瞬にしてメッケに変身する。メッケが戻ってくるとソッカとヨッシャは、抱き合いながら再会を喜び合う。他方、三百二十年前の河童の頭領の影は、これからも「自分は誰だ？」と問い続けながらさまよい続けていく。彼には、名前を呼んで、彼を地の底から呼び戻してくれる友だちがいなかったのだろう、と想像すると何とも切ない気持ちになった。三百二十年も自分探しをしているウロウロの孤独感と悲壮感が伝わってきた。

　メッケとソッカとヨッシャは、喧嘩したり、協力したり、泣いたり、笑ったり、怖がったり、助けたり、助けられたりしながら、友だちとしての信頼関係を深めていっていった。そして、冒険のプロセスを通して、三人がそれぞれ成長し、互いを大切に思い尊重し合う友情を育んでいった。観客は、三人と一緒にはらはらどきどきしながら、最後にメッケが戻ってくると本当にほっとする、という体験ができる。

　いつの間にか子どもの観客も大人の観客も物語の世界に引き込まれ三人と冒険を共有していた。フィナーレで出演者全員が歌って踊る場面で、最前列中央の小学生男児が、両手を上げて音楽に合わせて指揮をしていた。会場全体が、楽しさと歓びで満ちて大きく揺れ動いていた。子どもたちも大人たちも「あー楽しかった！」と言いながら会場を後にしながら、友だちっていいな、と思えるユーモアにあふれる温かい作品だった。「あしたから前向きに生きていこう！」というパワーをもらえる再演が望まれる作品である。

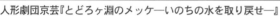

ONステージ
児童・青少年演劇評

27名のアンサンブルが見事

人形劇団ひとみ座『花田少年史』

原作＝一色まこと　脚本＝西田由美子・中村孝男　演出＝中村孝男
人形美術＝伊東 亮　舞台美術・衣装＝小川ちひろ

円藤 滋
（公社）日本児童青少年演劇協会

　原作は三十年前に描かれた、一色まことの青年コミック誌連載漫画で、その舞台はさらに二十数年遡った、昭和40（一九七〇）年代のとある地方の町である。全四巻の漫画は。自然豊かな町の、天衣無縫、八方破れの小学三年生、花田一路と彼を取り巻く人々と幽霊《オバケ》の物語《エピソード》が情感豊かに描かれている。が、それはウェットなものではなく、今や都市部ではほとんどなくなった濃密なコミュニティのありようを、カラリとした笑いの中に閉じ込めている。時代は昭和40年代だが、30年代とそれほど変わらない風景と人々がそこにいる。まだ、時間がゆっくりと動いていた頃の話だ。

　ある日、一路は交通事故に遭い瀕死の重傷を負う。その後遺症かは定かでないが、事故を切っ掛けに一路には幽霊が見えるようになり、かつ交流さえできるようになる。ここでの幽霊は、恨みを抱えて成仏できない幽霊ではなく、生きている間に成し遂げられなかった願望が心残りで成仏できないでいる幽霊たちだ。成仏するために、その願望をかなえる手伝いを頼まれた一路が、解決にむけて奮闘する姿が物語の骨子だ。

　この作品では原作を舞台化しようとしている人形劇団の稽古場が舞台である。そこで演じられる通し稽古の様子を、観客は観ることになる。二階建ての稽古場のセットと、二十七名にのぼる出演者が展開する舞台は見ごたえ十分で、近年の厳しい演劇状況の中、よくぞ創ったの一言しかない。

　人形は出遣いで、蹴込《けこみ》はなく、後方席でも充分見られる大きさだ。独り遣いと二人遣いをうまく使い分け、二十人以上が入れ替わり立ち代わり登場する舞台に齟齬はない。目まぐるしく変わる情景は書割《かきわり》を多用し、それがまた数十年前の時代を想わせる背景となっている。原作の特徴をよく捉えた人形の表情は動かない。しかし、操り方の妙か違和感は全くない。何よりも驚かされたのは、常には少人数の班で活動していて、全員揃っての稽古日があまり取れなかったと聞いていたが、アンサンブルが見事に取れていたことだ。複雑な大道具の転換の中で、多人数がスムースに動くさまは心地よい。劇中でも語られていたが、コロナ禍とその後の混乱、ことに影響をまともに受けた演劇の痛手が大きい中での制作は、たいへんな苦労があっただろう。それを明るく笑い飛ばせる作品に仕上げる力は、七十五年の歴史をもつ団体ならではのものだ。

　原作は大人向けだが、それをあえて子ども向けに改変せずに劇化したことも特筆すべきだろう。そのことから、この作品は中高校生ぐらいの年齢が対象と思われるが、小学低学年以上にもぜひ観てもらいたい。一路が出逢い、成仏の手助けを頼まれる幽霊たちや現実の彼を取り巻く人々は、親子、家族、男女とそれにつながる性のありようなど、様々な愛の形に悩み、また慈しんでいる。それが『死』という、生命あるものには避けられない事実を突きつけられたとき、どう考え、どう行動するのか？子どもにそんな難問をぶつけなくても、と言うならまだしも、子どもには理解できないだろうと切り捨てる大人が多いに違いない。だが、この物語の時代やそれ以前には、子どもが

『死』を意識させられる遭遇が現代より、ずっとあったと思う。通学途中の道端で、腐敗しかけた野良犬や猫の屍に出くわしたり、親族の葬儀も家で行われるのが当たり前で、『死』はずっと身近にあった。忌避すべきものではなく、幼いながらも対峙するものだった。それがいつのまにか、子どもにはできれば触れさせないほうが良いとの大人の余計なお世話が働き、今では多感な青春時代ですら『死』と向き合わずにきてしまう者も多い。子どもの自殺も、『死』が社会から距離を置くようになってしまったことと、何か関係があるようにさえ感じる。この作品を観た子どもたちには、『死』を、無意識のうちにでも感じてくれたらと思う。そして、『死』があるからこそ、一路の最後の台詞、「だっておいらは生きている！」を実感できるのだ。

　これだけの大作をよどみなく仕上げたのは、原作、脚本、人形・舞台美術、演出の力もさることながら、二十七名の俳優のアンサンブルと力量によるところが大きいと思う。同級生の花田一路、村上壮太、市村圭を溌溂と演じた照屋七瀬、松島麗、佐藤綾奈、幽霊の中で唯一恨みに似た感情を持つ少女・りん子の松本美里らと、彼らの家族や取り巻く人々と憎めない幽霊たちを演じた俳優たち、加えて、二人遣いのときの息の合った演技に拍手を送りたい。なかでも、生前のインチキ占いのむくいで成仏できないでいるマダム・カトリーヌ役の篠崎亜紀の演技を称賛したい。一路と幽霊たちとの間で、悪意と善意が入り混じった複雑な狂言回し的な役割を見事に演じ、ある場面では俳優と人形の動きが一体化し、人形劇の醍醐味を味わわせてくれた。

（敬称略）

（3月26日、川崎市アートセンター アルテリオ小劇場にて）

人形劇団ひとみ座『花田少年史』　［写真撮影＝古屋 均］

ONステージ
児童・青少年演劇評

「観る」のも、「居る」だけでも楽しい！

スタジオエッグス『はきゃまるシアター』

構成・演出＝竹内裕子　出演＝京本千恵美・鉢山あきこ

八木美恵子
（公社）日本児童青少年演劇協会・幼稚園教諭

二〇二四年二月六日の東京は、前日に降った雪で、久しぶりの雪化粧。「ベイビーシアターフェスティバル２」会場前の広場には、近所の子どもたちが作った雪だるまがいくつも並んでいました。

今回の会場は、めぐろパーシモンホールの地下小ホール。緑色の衝立が置かれている正面が〈舞台〉、床を赤い養生テープで四角く区切ったスペースが〈客席〉と、シンプルな劇場空間でした。

会場に入ってまず感じたのが、出迎えて誘導してくれるスタッフのあたたかい笑顔。そして、暗幕を使わず緑の幕を使っていたり、床が温かかったり、心地良い音楽が流れていたりと、観に来ている赤ちゃんやお母さん、お父さんたちが、安心して過ごせるようにと考えられていて、細やかで丁寧な配慮を感じました。

また、開演前から、白い服を着た二人の俳優たちが前にいて、一人ひとりの赤ちゃんの様子を見ながら、声をかけたり、視線を合わせてほほ笑んだり、お母さんに話しかけたり……。初めての場所や人の中に入っても、赤ちゃんや大人が、安心していられる雰囲気を創っていました。

私が観た回は、八組の親子がいましたが、だっこされて眠っている子、お母さんの膝の上にちょこんと座っている子、ハイハイして隣の子を触りに行ったり、ちょこちょこ歩いて客席と舞台の区切りの赤いテープを触ってみたりする子と、それぞれに、開演前の時間をリラックスした様子で過ごしていました。

そのうち、二人の俳優が準備体操をしている？と思って観ているうちに、自然な流れでお芝居が始まりました。

セリフは最小限で、「赤いまる」「たいそう」「おしり」などの短い単語が時々出て来るだけ。小道具も、様々な〈赤いまる〉だけ。平面の〈赤いまる〉を、顔やお尻に貼ったり、足跡や耳に見立てたり。赤いボールが出て来たり、小さな赤い玉を手の甲に貼ってみたり。目に入ってくるのは、背景の幕の緑、俳優の衣装の白、〈まる〉の赤、の三色だけで、そのくっきりとした色合いが、赤ちゃんにとって、見やすい物になっていると思いました。

観ている赤ちゃんたちの様子は、一人ひとり違いました。俳優を見て笑ったり、ちょっと驚いたり、寝ちゃったり！身体を動かしたり、手をのばしたり、喃語で「あー」「うー」とおしゃべりしたり、お母さんの胸に顔をうずめたり、俳優ではなく観ているお母さんの顔をじっと見つめたり。それぞれの赤ちゃんが、自分のペースで楽しんでいるようでした。

その中で、ほぼ全員の赤ちゃんが一斉に舞台を観ていたのが、《足の裏劇場》（私が勝手に命名（笑））の場面。寝転がった俳優たちの足の裏だけが台の上に出ていて、人形劇の人形のように動くのですが、身体の一部分である足の裏だけが見えている不思議さやおもしろさに、赤ちゃんたちが見入ってしまったようでした。

『はきゃまるシアター』は、一般的なお芝居のように、衣装を着けた俳優がセリフを言いながら演じることで物語が進行していくわけ

ではありません。ではストーリーはないのかというと、そんなことはなく、大人の観客は、俳優の表情や仕草から、「象が鼻で水を撒いている」「二人で、出来ること自慢をして、張り合っている」「海の中を泳いでいる」などの物語がわかります。

けれども、赤ちゃんはたぶん、大人のように意味を追い求めて観ているわけではないでしょうから、その場その場の動きを観たり、音を聴いたりすることで、お芝居を「感じている」のだと思いました。

それを成立させていたのが、客席と俳優とのやりとりが、とても自然で無理がなかったこと。客席に、ボールが転がって来たり、俳優が近くに来たりする場面でも、赤ちゃんの表情や小さな仕草を見て、どこまで働きかけて大丈夫かを俳優が感じとり、絶妙な距離をとっていました。これは、ベテラン保育者でも、なかなか出来ないさじ加減で、「すごい！」と思いました。

スタジオエッグス『はきゃまるシアター』

今回私は、初めて「ベイビーシアター」を観ましたが、観終わって感じたのは、赤ちゃんは、お芝居を「観る」のではなく、お芝居に「居る」のではないか、ということです。

通常、お芝居を観た時は、そこから何かを感じ取って、それを言葉で理解しようとします。でも今回、この『はきゃまるシアター』を観ている赤ちゃんたちと一緒の空間にいて、赤ちゃんは、居心地の良い空間に「居る」ことで、お芝居を楽しんでいるのではないかと思ったのです。

『はきゃまるシアター』を観ていると、観客は皆、穏やかな安心した気持ちになります。「なにもしなくても、あなたは、そこにいるだけで素敵なんだよ。生きるって、喜びにあふれているんだよ」。お芝居のストーリーを超えた、そんなあたたかな優しいメッセージを受け取った気持ちがします。

たくさんの赤ちゃん、お母さん、お父さん、保育者、そして子どもと関わる人に観て欲しいと思います。あなたもぜひ！

視覚的表現の楽しさと、私の「?」

人形劇団京芸＋人形劇団クラルテ『桜吹雪・兄弟茶碗がゆく』

作・脚本＝中川生己　演出＝くすのき燕

松本則子　人形劇団クラルテ

人形劇団クラルテと人形劇団京芸は大阪と京都にあるけど、近くて遠い劇団で、私自身も何度か共演を企画し、諸般の事情で成立しませんでした。『桜吹雪・兄弟茶碗がゆく』は、互いの劇団が七十数年の歴史を経て初めての共演、しかも児演協（日本児童・青少年演劇劇団協同組合）の人材育成事業で学び、普段脚本を書かない新人（中川生己＝人形劇団京芸）が書いた脚本で上演という、そんな外堀状況に期待いっぱいで、上演を待ちに待って、二〇二四年三月二十三日に岸和田浪切ホールで鑑賞しました。

それから二ヶ月後に本誌「ジャーナル『げき』」の劇評を書くことになりましたが、上記の事情で、「よくやった」という思いがこみ上げて、実はあらすじもうろ覚えで困っている時に、京都教育文化センターホール六〇周年記念事業で、六月一日に入場者を募集している事を知り、往復はがきで応募して再び観劇しました。募集チラシには「共に75年の歴史を誇る関西の老舗プロ人形劇団が夢の共演、京芸×クラルテ スペシャル合同作品！」とうたわれています。その主催者の京都教育文化センターが会館六〇周年記念事業として、この公演を持たれたのです。劇評を書くというより、この重なりに大いなる意義を感じています。

出演は人形劇団京芸が中川生己（脚本作者）・坂下智宏で人形劇団クラルテが奥洞昇・齊藤裕子、演出はくすのき燕さんです。舞台はオレンジの細いロープで五角形や四角形の線を描き、上演空間を作っていて、散漫になることを避けてまとめていました。五角形の家形の中で小さな兄弟茶碗が大人用の茶碗が自分たちのかわりに来るので、自分たちの居場所がなくなることを知り、何とか大人用の新しい茶碗を追い出そうと思案するところから話が始まります。

擬人化されていない小さな茶碗が会話しているのは人形劇としては何の不思議もないし、むしろ当たり前の光景です。幼・保育園の遊戯室ならばっちりの空間かなと思うのですが、四～五百人のホールなので、ほんまに小さな茶碗からスタートです。それが嘆いたり、怒ったりして、ツクモ神になり、茶わんから手と足が出て冒険の旅に出ます。財布のおじいちゃんや傘のおばあちゃんやロボット掃除機など、すべて擬人化されてなくて、形はそのままで、茶わんとかかわります。財布だけは手と足がついていました。

途中大きな茶碗に出会い兄弟茶碗は大きな茶碗の中にすっぽり入り込み、その大きさを認識し、諦めてかどうかわからなかったのですが、とにかく居場所がなくなるのを覚悟したのか、今いる場所から移動し、下に落ちそうになります。

落ちる場面は二つの四角い縦長の枠でビルの上の階だとわかる上手い表現で、枠から落下したところを傘が受け止め、茶わんが粉々になるのを防ぐ等、一つ一つの場面は茶碗や周りの道具とうまくかみ合い楽しく見せてくれます。そしてタイトルの通り「桜吹雪・兄弟茶碗がゆく」と兄弟茶碗が桜吹雪の中を舞台奥へ退場して終わりになります。兄弟茶碗は何を思って、どこへ行こうとしているのかは昭和初め世代の私にはわかりませんでした

『桜吹雪・兄弟茶碗がゆく』 [写真撮影:貴志 周]

が、タイトルに偽りはないと納得しました。

アンケートには、こんな面白い人形劇見たことないとか、こんな人形劇初めて見たという驚きの声がいくつかありました。

人材育成事業脚本研修会の最終の日に、この脚本を声に出して読み合わせた時には、茶わんが意志を持って移動することがおかしくて、参加者からはクスクス笑いが起こっていましたが、どこの劇団からも上演の声はかからなかったようです。後日、とらまる座の貴志さんが声をあげ、とらまる座でも稽古をし、二〇二三年暮に初日を迎え、一月に人形劇団京芸が京都で、三月には人形劇団クラルテが大阪で主催公演するとなり、そして六月に京都教育文化センターが六〇週年事業に取り上げたという面白い経過を持つ作品です。

日々の生活が人形劇の中にある私には生活道具がしゃべることも動き回ることも何の違和感もないのですが、もしかして普通に暮らしている人たちには生活の道具がしゃべり、動き回るのはとても面白いことになるのではないかなと思います。

線だけで五角形や四角形や坂等で次々と居場所が変化することに新鮮さを感じる人もたくさんいるのだろうと思います。

人形劇を生業にしている私には茶碗がしゃべることも線が変化して場所が変わることもごく普通のことです。むしろ、財布や傘やお掃除ロボットが茶碗に何を語り、それを聞いて茶碗が何を知り、何を悟ったのかに興味が行きます。

兄弟茶碗が大きい茶碗との出会いで、大きい茶碗が兄弟茶碗をどう思い、兄弟茶碗が大きい茶碗をどう思ったのかとか、追い出される者と追い出す者の間に葛藤はないのかが気になります。

後期高齢者の私は、劇とはそれらの葛藤を楷書的に言葉で語ることだと思い、汗水を流して作品創りをしてきたので、そんな感想を持ちました。五十歳代までの〝文字はパソコンで、調べ物はグーグルで〟という、アナログではなくデジタルという感覚を紡いでこられた人は、人と人の出会いで生まれる心を視覚的に表現するのが得意だと思えますが、私はやはり言葉でわかりたいと思っています。

『兄弟茶碗』で私が一番面白いと思ったのは事業終了の時の言葉による読み合わせでした。次は期待に胸膨らませた大阪浪切ホールの公演で、今回見た京都教育文化センターの公演ではたくさん工夫していることに感心したけれど、「はてな?」もたくさん生まれました。

こういう経緯で生まれた作品は生いたちだけでなく、その育ちも話し合い、更に豊かな作品に育てて行くことが大事なんじゃないかなと今は思っています。

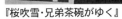

ONステージ
児童・青少年演劇評

演奏と演技で物語の世界に誘う

アートインAsibina
音楽劇『モチモチの木～箏の二重奏にのせて～』

原作＝斎藤隆介　構成・演出＝西田豊子　作曲・音楽監督＝石井由希子

松下有希
東洋英和幼稚園

『モチモチの木』と聞けば、小学生の頃、国語の教科書で読んだ記憶があるという印象でした。それをお芝居で、しかも琴と十七弦の演奏と共に見ることができると聞き、ワクワクしながらアートインＡｓｉｂｉｎａさんの音楽劇『モチモチの木』の観劇を申し込みました。実は、以前申し込んだ時はコロナ禍中のこともあり、公演数日前に中止となり、残念に思っていたのです。そこから約一年経ち、二〇二四年三月三日、ようやくあの時観られなかった劇を観ることができることに、観る前から心が躍っていました。

児童青少年演劇祭典の「参加・体験・感動！ふれあいこどもまつり」の中の一つとして開催されており、会場には親子連れを中心に多くの老若男女の観客がいました。百人規模が収容できる観客席に小さな子どもたちもおり、開演前にそういった小さなお客様たちに前方の見えやすい席に移動も可能だという案内をしている姿もあり、始まる前から子ども中心のあたたかい気配りを感じる舞台でした。

この音楽劇は俳優の方が二人、箏の演奏者が二人の総勢四名のお芝居でした。豆太を演じる役者さんが、トンボを捕まえるような仕草をし始めると、それだけで豆太の周囲に丈の長い草むらが、さぁっと広がるようでした。ぱっとトンボに飛びかかり、手の平からすり抜けていくトンボ。すぅっと羽根を震わせて少し離れた稲穂に再び止まる。……そんな情景が見えてきました。そこに箏の音色が合わさり、辺りに風が吹き抜けていきました。するとそこはもう多摩市立関戸公民館のホールではなく、一気にあの絵本のモチモチの木の世界でした。

じさまと暮らす豆太は五歳になるのに、庭にある「モチモチの木」が怖くて夜に一人でせっちんに行くことができない。けれどもある晩、じさまが腹痛に呻き、豆太は恐怖心をはね除けて、山奥にあるじさまの家から遠く離れた医者のところにまで走っていく、豆太が呼んだお医者さまに診てもらい、じさまは元気になる……日本で育ったのならば、どこかで聞いたことのある有名なストーリー。夜のモチモチの木を克服したように見えた豆太が、じさまが元気になった後、やっぱり夜のせっちんにはじさまと一緒じゃないといくことができなかった、というオチで閉じられています。私が小学生の時には「なんで？　せっかく夜に一人で走っていけたのに」といまいち腑に落ちず、モヤモヤした思いを抱えたのを覚えています。その当時、小学校の教室でクラスメイトがそのオチに「ズコー！」とコケる反応をしたことも。私だけじゃなく、他の人も豆太が成長していないことに何かしらを感じていることがわかりました。時を経て今回の音楽劇で観た時も、そのオチに子どもたちがくすりと笑っているのを目撃しました。大人になり、保育者として改めて見ると、その笑いを誘うためだけの役割としか思えなかったオチも、「ゆっくり成長すればいいんだよ」というメッセージに思えました。一回上手くいっても次に上手くいくとは限らない、それでも良いんだよ、と直接的な言葉がなくても、伝えたいのかもしれません。絵本で読んでいただけの時には気づかなかった視点が私自身舞台を観たことで増えましたし、きっと観ていた子どもたちの心のどこかにも、励まされるなにかがぽとりと落ちたのではないかと思います。

　お芝居に限らず、テレビのドラマやアニメではＢＧＭも欠かせません。このＢＧＭがあるかないか、どれほどお話と合っているかによって、物語の世界への入り込み度が変わってきます。この音楽劇では、そのＢＧＭに箏と十七弦（低音の箏）、カフォン（箱型の打楽器）の演奏が使われていました。古くからある箏の和風の音色と、昔から語り継がれている日本のお話の空気感が絶妙にマッチしていました。山奥の静かな雰囲気、豆太やじさまの寂しげ、楽しげ、といった表情の空気感、場面の緩急など、お話の盛り上りを支えるＢＧＭとして、奏でられていました。箏は箏だけでしか聞いたことがなかったため、こうしてお芝居にあわせると、相乗効果で箏の音色も更に表情・情景豊かに響き合うのだと知りました。しかも、背景音楽としてだけではなく、芝居上の様々な効果音を出す役割も担っていたことにも驚きました。風や鳶の跳ぶ音はもちろん、面白いものだとじさまのいびきや、豆太のせっちんの音。それを観劇後のワークショップで、改めて弾いて紹介してくださっていました。ワークショップでは他に、劇に使われた楽器の紹介と、それにまつわるクイズが出され、最後は上映日に合わせて事の伴奏に合わせみんなで「ひなまつり」の大合唱。子どもが積極的に楽しむことができる内容が詰まっていました。

アートインAsibina　音楽劇『モチモチの木』～箏の二重奏にのせて～

　この音楽劇を見に行く前、久しぶりに絵本で『モチモチの木』を読み、こんなお話だったな、と思い出してから観劇に向かいました。帰宅後、再度絵本を開いて、読み直してみると、脳内にあの楽の音が流れ出し、じさまと豆太が動き出しました。前日に読んだ時には、さらりと先へ読み進めていきましたが、観劇後は、今までよりも『モチモチの木』のお話を深く味わうことができました。大人の私ですらそうだったのですから、きっと子どもたちはより強く、物語を深く味わったのではないでしょうか。

ONステージ
児童・青少年演劇評

美しい踊りと歌と共に名作の世界へ

劇団東少
『ミュージカル シンデレラ』
原作＝シャルル・ペロー　脚本＝北 麦生　演出＝源 紀　音楽＝塩谷 翔

蒔田敏雄　（公社）日本児童青少年演劇協会

二〇二四年二月二十三日。「参加・体験・感動！ ふれあいこどもまつり」会場の東京・狛江市の狛江エコルマホールで、劇団東少『ミュージカル シンデレラ』の公演が行われました。

開演前、会場に入ってくる親子連れの様子には、何ともいえないワクワク感が漂っています。特に女の子たちは、なかにはシンデレラの衣裳のようなかわいらしい服装の子がいるなど、まるで劇中に出てくるお城の舞踏会に参加するかのような、ちょっと気取った、でも期待でいっぱいの様子が見られ、微笑ましくなりました。

そんなななか始まった『シンデレラ』の舞台は、音楽とバレエ、そして色彩鮮やかな装置とでまさに夢の世界を演出していました。

ストーリーをけん引するのは、ピエールとマリエムという二人の妖精。継母や義理の姉たちのひどい仕打ちにもけなげに耐えながら前向きに生きるシンデレラを見守り、応援します。シンデレラの、みすぼらしい身なりにもかかわらずにじみ出るような清楚な美しさをいっそう引き立てるのが、派手で悪趣味な感じのする衣装とわがまま放題で下品な言動の継母や二人の姉たち。この対比によって、観客が感じる憤りやシンデレラへの同情の気持ちを言語化し、「心清らかなシンデレラ」への応援という形に昇華させていく役割も、二人の妖精たちが担っていました。

お城での舞踏会への招待状が届くものの、シンデレラは案の定連れて行ってもらえないという場面では、「私もお城の舞踏会で踊ってみたい」とほうきをパートナーに踊るシンデレラの姿に、思わず応援してしまう観客の気持ちに呼応するように、妖精マリオムが魔法使いに変身し、カボチャを馬車に、ネズミを白馬へと変え、シンデレラも美しいドレス姿へと変えて、お城へと送りだします。

魔法で様々なものが変わっていくシーンもとてもスムーズで、観ている子どもたちも、驚きながらも自然と魔法を受け入れられる演出は見事だと感じました。また、何よりも夢のような世界を常に演出しているバレエダンサーたちの優美な踊り、そして美しい♪シンデレ～ラ～♪という歌声には、観客も一緒に魔法にかけられていくようにも感じました。

後半はお城での舞踏会のシーンからスタート。確かなバレエ技術に裏打ちされたダンスシーンと、継母や姉たち対王宮の大臣や廷臣たちのコミカルなやり取りの対比が、美しさとみにくさのせめぎ合いというこの舞台を通してのテーマを改めて提示していました。

王子様と出会い、そして周りを圧倒するような美しい二人でのダンス、見つめ合う二人と、これぞまさしく「プリンセス ミート プリンス」のシーン！で、子どもたちはもちろん、観ている私たちみんながうっとりさせられたその瞬間、無常にも響く十二時の鐘。引き留める王子の手を、心を残しながらも振りほどくシンデレラの思いが、ガラスの靴という形で残されたのではと感じさせられる美しい場面となっていました。

ガラスの靴の持ち主を探す幕前のコメディっぽいやり取りもありつつ、再びシンデレラの家に舞台が戻ると、そこはお城での舞踏会がまさに一夜の夢だったと言わんばかりの変わらぬ継母や姉たちの横暴な姿。お城からの使者との応対、ガラスの靴を何としても履こうとするその姿のみにくさ。その一つ一つが、逆説的に「心が清らかでなければ本当の美しさは生まれない」というメッセージを伝えているように思えてなりませんでした。

「この家にもう娘はいない」と言い張る継母の言葉に、有名なお話だけに結末は分かっているのにもかかわらずドキドキして「早くシンデレラに履かせてあげて！」と思ってしまったその時、ようやくシンデレラにもガラスの靴を履くチャンスが訪れ、そして当然と言えば当然なのですが、そのガラスの靴はシンデレラの足にピッタリで……。

この後は、まさに「シンデレラストーリー」と言われる、王道のハッピーエンドへと話が進みます。

王子とめでたく結ばれることになるシンデレラ。そしてなんと、それまでさんざんいじめて虐げてきた継母と姉たちも許してあげるシンデレラ……。

ひどい境遇の中にあっても、心の純粋さと気高さを失わず、最後までやさしさを示したシンデレラは、まさにこの物語のヒロインであり、観ている子どもたちや私たちにも、シンデレラのような美しい魂を大切にして生きていきたいと思わせるような舞台になっていると感じました。

終演後には、出演者たちがその美しい衣装そのままにお見送りをしてくれ、観終わった子どもたちの笑顔も倍増。コロナ禍が終わっての観劇の喜びも改めて感じることができました。

劇団東少『ミュージカル シンデレラ』

創立七〇年を超える劇団東少の舞台を観て、これまでも多くの子どもたちが心躍る観劇体験を持ってきたのだろうと思うと共に、これからも多くの子どもたちが、夢や希望を持ち続けること、そして正しい、清らかな心を持ち続けることの大切さを感じとりながら観劇を楽しんでほしいという願いを強く持つひと時となりました。

シンプルで幻想的 心にしみる舞台

劇団仲間『ふたりのイーダ』

原作＝松谷みよ子　脚本＝宋英徳　演出＝鈴木龍男　音楽＝萩京子

千野隆之
(公社)日本児童青少年演劇協会

七月二十九日、夏休み児童・青少年演劇フェスティバルの最終日。スペース・ゼロは、ほぼ満席の盛況だった。

●舞台構成

舞台上は二段の石垣のような台があるだけだが、列車の中、田舎の祖父母の家、、森の中の道、古びた洋館、南の島、広島市内の川べり、被爆直後の広島市内、病室と場が変わっても違和感がない。象徴的でシンプルな舞台は、観客の想像を増幅させ、その場所を感じさせる。

●演技

小学四年生の男の子ナオキと三歳の妹ユウコを大人の俳優が演じている。四年生のナオキは初めからまったく違和感がない。ユウコは三歳児にしては大きすぎるのだが、だんだん違和感がなくなり、三歳児に見えてくる。また、物である椅子を途中、人間が演じている。椅子が人間になっても違和感がない。見事な演技だと思う。

●椅子

ナオキがチョウに導かれるように古びた洋館に行くと、古い椅子が「いない、いないどこにもいない」と言いながら動いていた。終末では自ら壊れてしまう。どういうしかけになっているのだろうか。

椅子は「きのう」この家に住んでいるイーダと母たちが「すぐに帰る」といって出かけたのだが、なかなか帰ってこないのを待っていると言う。

この椅子が過去と現在、ふたりのイーダを結びつけ、大きな役割を果たしている。

●時間の経過

母親と祖母は四年生のナオキに対して「この間まで」おむつをしていたと言う。ナオキは「この間」ではなく、「ずっと前」のことだと反発する。

椅子は二十三年前のことを「きのう」と言う。ユウコは過去のことを全て「きのう」と言う。

祖父母は、原爆で死んだ息子シュウイチのことを「二十三年経つけど昨日のようだ。」と語る。時間の経過への感じ方が様々であることが繰り返し強調される。

この劇の時代設定は一九六八年である。椅子がある洋館の日めくり暦は二六〇五年のものだった。ナオキたちは、初めこれを未来のものかと思うが、実は西暦ではなく紀元二六〇五年、つまり昭和二〇年、西暦一九四五年のものだった。広島に原爆が落とされた年、敗戦の年であることが示される。二十三年の時間を越えて、過去と現在が結びつけられる構成が見事だ。

●戦争と原爆

ナオキはリツコという若い女性と知り合う。リツコは洋館の椅子に興味を持ち、謎を解くきっかけをつくる。

洋館のイーダたちが出かけたのは八月六日だった。八月六日に出かけていって帰ってこないということは、行き先はあの場所しかない。それは広島である。

ナオキとリツコは広島で灯籠流しを見る。原爆の惨状が語られる。

リツコの記憶がよみがえる。倒壊した建物に挟まれ、動けなくなった母。迫る炎。母が「後からすぐ行くから走れ。」と叫ぶ。必死に逃げるリツコ。リツコは広島で被爆し、母を亡くしたのだ。失われていた記憶がリツコの中によみがえった。リツコは入院し、被爆による放射能の影響が語られる。

祖父母の息子シュウイチ（ナオキのおじ）も被爆して亡くなった。水をほしがりながら死んでいったシュウイチに対して、よかれと思って与えなかった祖父は深い後悔を語る。「二十三年経つが昨日のようだ。」この後悔も胸を打つ。

劇団仲間
『ふたりのイーダ』

●ふたりのイーダは誰なのか

一人はナオキの妹ユウコである。ユウコは家族からイーダと呼ばれている。もう一人は古びた洋館に住んでいたイーダである。椅子はユウコがイーダだと言う。ナオキはイーダは自分の妹であり、椅子が待っているイーダは別人だと主張する。しかし次第にユウコはこのイーダの生まれ変わりではないかと思い始める。いったいイーダは誰なのか。その謎が終盤まで引き継がれ、最後に感動とともに明かされる。秀逸な構成である。

●チョウと星

ナオキはチョウに導かれて洋館に行き、椅子と出会う。洋館でイーダの父からの手紙を見つけ、父が南の島に戦争で行ったことを知る。父は手紙の中で、南の島の宝物はチョウと星だと語る。そして父がそこで死んだことが示される。チョウと星はいろいろなものを象徴しているようだ。

戦争や原爆の悲惨さが胸に迫ってくる作品である。音楽もすばらしい。

ONステージ
児童・青少年演劇評

●児童演劇時評●

充実したりっかりっか＊フェスタ

ふじたあさや
劇作家・演出家

今年のりっかりっか＊フェスタ（二〇二四年七月二十二〜二十八日）は、助成金が大幅に削られたと聞いていたので、それが成果に影響しないかと案じてきたが、案ずるまでもなかった。規模は多少縮小されたが、作品の質は、例年よりも上回っていた。私は七月二十三日から二十六日までしかいられなかったので、見るべき作品のすべてをみたわけではないが、それでも語り継ぐべき幾つもの作品に出会うことが出来た。

まず、エーシーオー沖縄制作の**『ブレーメンの音楽隊』**が、昨年と同じ作品とは思えない質の高さで驚かされた。昨年は、経験分野の違う俳優たちが、それぞれ自分流の演じ方を試みているだけで、統一感には程遠いものだったが、今年は、それぞれ演じながらも見事に統一感のある仕上がりで、お互いの信頼関係が見え、感動的な舞台になっていた。アレックス・バーンの演出も細部にわたって行き届いていた。

同じエーシーオー沖縄の無料公演、よろず演劇製作所の最初の作品**『おきなわ』**は、創作のための創作という添え書きのついた五戸真理枝脚本演出の実験作。役を演じることでストーリーを演じるのでなく、俳優一人一人が沖縄の現実とぶつかった時、それをどういう言葉で語るか、試しにやってみるのを、掛け合わせたらどうなるか、試みてみた作品で、これが演劇と言えるのかどうか、疑問を呈する人もいるだろうが、沖縄の現実を前にしたときに、俳優一人一人の中に生まれているドラマは確かに表現されているので、物語に頼らない演劇として、これはありだなと思わせた。

海外作品では、アイスランドのミッドナイトシアターの作品、**『はじめての一歩』**が感動的だった。家族を離れてはじめて田舎暮らし

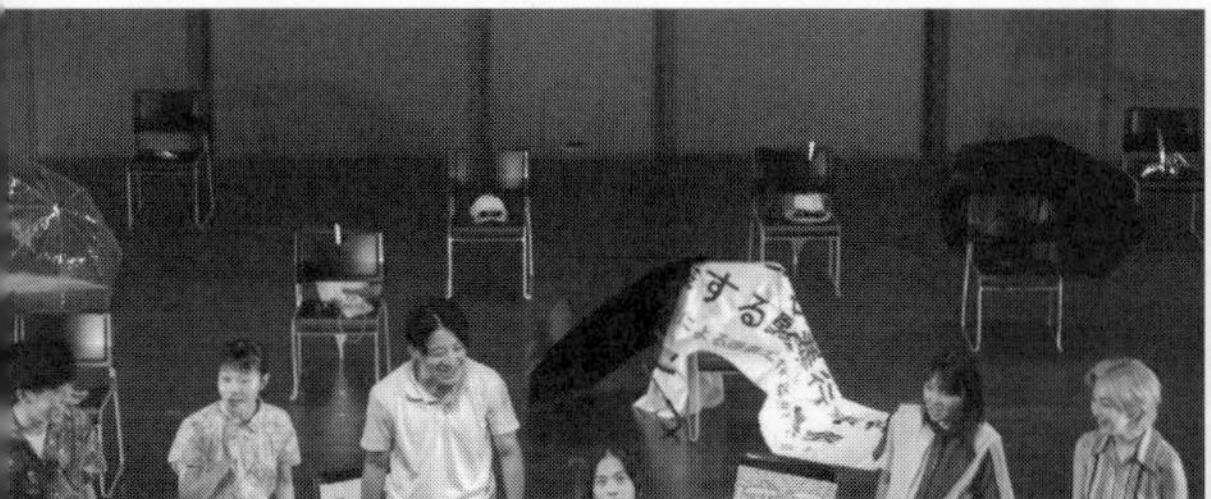
『おきなわ』よろず演劇製作所［撮影＝坂内太］

『ブレーメンの音楽隊』エーシーオー沖縄［撮影＝坂内太］

をすることになった五歳の少女の成長ぶりを一体の人形とそれを囲む人々との関係で表現した。無表情な人形が、語りかける大人たちや人間たちの演奏に合わせて、喜びの表情をしているように見えてくる。周囲の人々の演じ方で、無表情な人形が表情豊かに見えてくるという、奇跡のような瞬間に、心が躍った。

カナダ、ドイツ協同制作の**『レオの小さなトランク』**も面白かった。観客の目の錯覚を利用して、演者が宙に浮いたり。重力に逆らったりするように見えるのを、遊びととらえた演出が新鮮で、こんなにワクワクさせてくれるなら演劇と思ってもいい、となってしまう。

これも国際共同制作。チェコ、ノルウエイ、イギリスの演者が、それぞれの国の言葉で演じる**『すべての終わりに』**も、ナチス時代のヨーロッパの暗い歴史にスポットを当てた傑作である。言葉の違い、演じ方の違い、そうした様々な違いを総合した、交響楽のようなこのドラマは、あきらかに国境を超える力を持っていた。

こうした作品と比べると、日本の作品には、艦褸を出さない堅実さはあるが、安全圏で作っているといいたくなるものが多かった。

『はじめての一歩』ミッドナイトシアター（アイスランド）［撮影＝坂内太］

『レオの小さなトランク』Ｙ２Ｄプロダクション（カナダ、ドイツ）［撮影＝坂内太］

『すべての終わりに』ＮＩＥ劇場（チェコ、ノルウエイ、イギリス）［撮影＝坂内太］

受賞

「全児演賞」河田 均さん、村場容子さんの二人に

全児演（全国児童・青少年演劇協議会）は、児童・青少年演劇に関わる劇団・個人（プロ・アマチュアとも）、演劇教育に取り組む教師、子ども劇場関係者などが加盟。プロとアマチュアの垣根を越えた交流をはかり、児童・青少年演劇運動の広がりをめざしている。

その全児演が、児童青少年演劇の分野での活動を讃えて贈る「全児演賞」の二〇二四年の受賞者が決定した。今年の受賞者は二人。河田 均さん（想造舎／関西ブロック）、村場容子さん（新芸能集団乱拍子／北海道ブロック）が、ともに正賞を受賞した。

授賞式は、二〇二四年一月、大阪市で開催された第九十四回全児演総会in関西で行われた。

【全児演賞】

河田 均さん かわた・ひとし（想造舎／関西ブロック）

（受賞理由）子どもたちの世界へ、アジアをはじめとする様々な異文化を共有することを通じて、アーティストと子どもに多くの出会いを作り、他者と共感する喜びをもたらした功績に対して。

▼京都市立芸術大学卒業。広告会社、神戸市の劇団を経て、個人事務所を開設し学校公演を始める。１９９６年想造舎を法人化。インドネシアの影絵音楽劇団くぷくぷをはじめとして、演劇作品だけでなく、マイム、落語、音楽等国内外の児童青少年向け作品の企画・制作・招聘を幅広く行う。また東日本大震災チャリティー公演「みんな元気になろうびっくり箱」事務局、岸和田演劇祭他、全児演関西ブロックの活動を裏から支え続けている。

【全児演賞】

村場容子さん むらば・ようこ（新芸能集団乱拍子／北海道ブロック）

（受賞理由）芸能を通して子どもと若者に未来を託し、北海道の大地に根付く文化を育て、常に平和を願い舞台を通してメッセージを発信し続けてきた功績に対して。

▼太鼓奏者、わらべ唄研究家。国立音楽大学教育音楽幼児教育科卒業。１９９９年新芸能集団乱拍子を立ち上げる。乱拍子は、保育園、学校、ホール公演、イベントステージなど年間２００ステージを越える公演活動の他、東日本大震災復興支援公演、海外公演、地域活動として子ども食堂でのチャリティー公演も行う。

■受賞のことば■

出来ることしたらええねん

想造舎　河田　均

この度、全児演より正賞を賜り、誠にありがとうございます。約30年にわたり、子どもたちへの舞台作品づくりの創作と普及に携わってきたことが、このように評価されることに深く感謝しております。

受賞の契機となったのは、２０１１年の東日本大震災直後に、関西の全児演関係者が中心となって始まったチャリティー公演『負けない忘れない3・11―ここから生まれる未来 びっくり箱』に、事務局として長年関わってきたことだと思います。

震災当時、関西では「子どもえんげき祭 in きしわだ」が開催されていました。ここでは、参加団体が単にゲストにならず、特性を活かして密接に協力し運営に深く関わり作り上げていました。互いに協力する土壌があったので「びっくり箱」も、立ち上げ当初から可能な限り協力する姿勢で進められてきました。全児演と地元おやこ劇場、地域団体と文化財団が関わり、毎年さまざまな人々をつなぎ、『アートと震災』をテーマに14年続けています。29年続いた「in きしわだ」が２０２２年に幕を閉じ、後を継ぐようにはじまった「こどもえんげき祭 in なだ」でも、全児演関西、神戸のおやこ劇場と会場ホールが立場を越え一体となり運営されています。

「出来ることしたらええねん」というウェルカムマインドで、人が集まり発酵させて関わり合いの場を作ってきました。縮小しているこの業界で人を育てるためにも、団体の枠をこえた場がますます必要かと思っています。

残念ながらＰＤ（パーキンソン病）を発症しスピードダウンしていますが、これからも『関り愛』でサポートしたいと思います。

■受賞のことば■

「五穀豊穣」「平和祈願」を皆様と共に

新芸能集団乱拍子　村場容子

今年は能登半島の大地震で元旦から、大変な年になりました。お亡くなりになった方に、お悔やみ申し上げます。被災された方には一日も早くライフラインが整うことを願っています。

私はいままで賞状を頂いたのは卒業証書のみ。北海道の全児演メンバーが推薦してくださった事が何よりうれしいことです。メンバーに加わってから一緒に何かできたのは昨年の河野康弘さん（ジャズピアニスト）を招いて行った平和コンサートぐらいで、なかなか一緒に活動できていません。

それなのに、北海道の皆さんは私を含め新芸能集団「乱拍子」を応援してくださったのです。今まで、乱拍子以外の所に私は出かけることもなく、ひたすら乱拍子の成長を望んできました。人形劇団えりっこさんに声をかけて頂き何気なく参加した全児演の北海道で、仲間を得ました。創造することの大変さ喜び、それを支えている方たち、分け隔てなくお話ができて嬉しかった！

平和を願うコンサートで紹介した「願い」の歌が仲間によって広がりを見せたのも、北海道のメンバーの心がとても広く素直な感性を持っている方たちばかりと感激しました。

私の全児演での活動はこれからですね。そのために頂いた賞ではないかと書いていて今思いました。乱拍子が立ち上げたときより掲げています「五穀豊穣」「平和祈願」を皆様と一緒に貫いて行きたいと思います。

全児演正賞ありがとうございます。これからもよろしくお願いします。

受賞

第33回「O夫人児童青少年演劇賞」村田里絵さんに

わが国の児童青少年演劇は、一般演劇と同様に、男性の指導者を主軸としてきた。しかし実際には多くの女性が活躍している。（公社）日本児童青少年演劇協会では、匿名夫人の寄付を受け、一九八五年「O夫人児童青少年演劇賞」を設定、女性の優れた活動を表彰している。

村田里絵さん

■受賞理由■劇団芸優座に入団以来、劇団の多数の脚本・演出を担当。『一休さん』（演出）・『角～いじめっこ姫の物語』（創作脚本）等、優れた作品を制作し、児童青少年演劇の普及・向上に寄与された。

●受賞のことば●

「O夫人児童青少年演劇賞」をいただいて

村田里絵

その受賞者に、憧れの先輩方が名を連ねる「O夫人児童青少年演劇賞」……そんな大きな栄誉ある賞を賜り、驚きと喜びにまして、ただただ感謝の気持ちで一杯です。元より私一人でできた事など何一つなく、この賞も劇団の女性スタッフ・女優全員で頂いたに他なりません。常に励ましお支え下さる森田勝也会長、石坂元事務局長・蒔田事務局長を始め、協会関係者、先生方に心からお礼申し上げます。

父平塚仁郎がつくった芸優座が少しずつ認知され、全国で公演させて頂けるようになった頃、レパートリーは『天狗山のトロッ平』と『ベニスの商人』の二本でした。まさに走り回る父たちを見て、他の作品が観たいと言われたらどうしようと、ただそれが不安で、不遜にも「書こう」と思った私、父や劇団の皆に喜ばれたい一心でこの仕事を始めた私……そうやって、あちこちの会合に、ただ父の代理のような顔で出てきた、二十歳そこそこの右も左も分からない私を、あの先輩方は、まさに同志として迎えて下さいました。

あれが大変、これが大変とおっしゃりながら、と同時に、あれが楽しい、これが感動と常に前向きで情熱的で、様々な事を面白がりつつ、ダイナミックに活動なさる彼女たちに、私は文字通り魅了されました。常に子どもたちの柔らかい感性に寄り添い、その手を放さず……子どもたちにとって面白いお芝居は、大人にも面白い、そして、作り手である大人こそ夢中にならなければ、決して子どもたちを惹きつけることはできない、そのことを教えて頂きました。

一方、子どもたちのため、と言いながら、俳優や作る側の私たちにとって、子どもたちほど厳しく公平な「観客」はおらず、彼らのまっすぐな眼差しに育てられ鍛えられていることをありがたく思う気持ちは、これからも忘れることはありません。だからこそ、一作でも多く作りたい……好きな仕事を続けて来ただけの私ではありますが、受賞者の末席に加えて頂いたからには、厳しいのは女も男もない今、後進の為に、もっと働かなくてはと、思いを新たにしております。ありがとうございました。

村田里絵さん（むらた・りえ）**■略歴**

・１９６０年（昭35）東京生。

・青山学院中学部、高等部卒業後、１９７９年に早稲田大学第一文学部日本文学専攻に入学。１９８３年、劇団芸優座に入団。

・入団後、15年間にわたり大学や専門学校で非常勤講師を兼業。

【芸優座での主な脚本、演出作品】

『アンクル・トムの小屋の灯に』（１９８９年・脚本）／『グリムのハンスと大悪魔』（同年・脚本）／『秘密のロビンの大冒険』（93年・脚本）／『パパはマジシャン』（95年・脚本）／『一休さん』（２００４年・演出）／『Ｔｈｅ Ｌａｓｔ Ｌｅａｆ』（05年・演出）／『角～いじめっこ姫の物語』（08年・脚本）／『明日天気になあれ』（10年・演出）／『昇らぬ朝日のあるものを』（21年・脚本）／『樋口一葉物語～後のこと知りたや』（23年・脚本）／他。

・２０１３年より毎年実施の調布市との共催〈春の公演〉でオリジナル9作品の脚本。

・現在、劇団芸優座の副代表。

受賞

2023年度 日本児童青少年演劇協会賞に大野俊郎さん

大野俊郎さん

公益社団法人 日本児童青少年演劇協会では、一九五一年（昭和26）以来、「日本児童青少年演劇協会賞」を設け、年間を通じて、児童青少年演劇・学校劇に貢献された個人や団体を表彰している。

二〇二三年度賞は「選考委員会」で慎重審議の結果、大野俊郎さんに贈られることになった。同協会総会の席上、選考経過の発表が行われ、森田勝也会長から大野氏に、賞状と盾、副賞として五万円が贈られた。

■受賞理由■劇団野ばらの営業制作担当者として、主に九州を中心に長年にわたり活動し、日本の児童青少年演劇の普及・向上に寄与された。

●受賞のことば――――――――――――――●

日本児童青少年演劇協会賞を受賞して

大野俊郎

この度は、歴史あり栄誉ある「日本児童青少年演劇協会賞」をいただき、心から感謝申しあげます。

私は1983年に劇団野ばらに入団し、福岡市に九州事務所を設立し、以後40年余にわたり制作営業に関わってきました。

当時九州地区の多くの小学校では演劇と音楽の鑑賞を隔年で実施していました。「子どもたちへあたたかい感動を伝えたい……」祈るような想いで仕事に励み、当時スケジュールはほぼ満杯になりました。

1990年代初頭から少子化、行事の精選等で演劇鑑賞教室が減少しました。私たち劇団に大打撃を与えたコロナ禍。そしていま、円安……物価高騰。学校では演劇鑑賞に家庭から料金を集めることが困難になっている状況があります。

子どもたちの成長の過程に生の演劇や生の音楽等の体験は本当に必要だと確信します。私は後期高齢者であと何年この仕事を続けられるかわかりませんが、学校公演の意義とその効果を伝えるために、全力を尽くして学校を訪問し、先生方と話し合ってゆくつもりです。ありがとうございました。

大野俊郎さん（おおの・としろう）■**略歴**

・1946年（昭21）生。
・1964年（昭39）、鹿児島県立鹿屋高等学校卒業。目黒ボーリング株式会社入社。66年、退職。
・1966年（昭41）、劇団東少入団。68年、退職。
・1968年（昭43）、劇団野ばら入団。71年退職。
・1971年（昭46）、電子通信学会入社。72年退職。
・1972年（昭47）、株式会社東京図書普及会入社。74年退職。
・1974年（昭49）、株式会社上野製作所入社。79年退職。
・1979年（昭54）、社会福祉法人鹿児島県社会福祉事業団入社。82年退社。
・1982年（昭58）4月、再び劇団野ばらに入団。

【劇団野ばらでの活動】
・1982年、劇団野ばら九州事務所を福岡市に設立。九州全域での営業制作活動を開始。
・翌1983年より、中国・四国を皮切りに、沖縄から北海道までの営業制作をスタート。現在に至る。

【主な制作作品】
『山賊ホテルの夜が明ける』（蓑田正治作）／『小さな虫の大冒険』（蓑田正治作）／『飛び出したジャン』（蓑田正治作）／『やさしいねずみたち』（重森孝作）／『三羽ガラス』（重森孝作）／『ともだち』（蓑田正治作）／『サルと少年』（石川明作）／『輝け！緑の宇宙船』（石川明作）／『空カンの唄』（石川明作）／『虫たちのファンタジー』（石川明脚色）／『あしたあさってしあさって』（森治美・かめおかゆみこ作）／『アリスがくれた不思議な時間』（原田亮作）／『山の風から聞いた話』（宮沢賢治名作童話より・北川明光構成）

感想 『げき』を読んで

『げき27』
読者から

〈ベイビーシアター〉特集
タイムリーで役立っています

東坂初美 特定非営利活動法人 熊本県子ども劇場連絡会 事務局

『げき』を購読して八年近くなります。今回はベイビーシアター特集。私たちNPO法人熊本県子ども劇場連絡会が数年前から学習を積み重ねている内容なので、より多くの会員に手にしてもらい興味を持つきっかけをつくったり、地元の新聞社文化部の記者にお渡ししてベイビーシアターについて知っていただける資料として、とても役立ちました。

私自身十八年程前に初めて0歳からの演劇作品に関わりました。作品は風の子九州『ぴーかぶー』です。当時はベイビーシアターという言葉も概念も知らず、「わらべうたがベースになっているから0歳からでも楽しめているんだ」くらいの感覚でした。

『げき27』に書かれている記事を読み進め、作品づくりにかける劇団の想いや学びの深さを知り、赤ちゃんをきちんと「人」として捉えていることに感動しました。九州沖縄地方子ども劇場連絡会の取り組みで浅野泰昌先生の学習会に参加し、赤ちゃんは五感でしっかりベイビーシアターを感じているという科学的根拠も学べました。山の音楽舎の川中さん、表現教育研究所の大沢さんと続けて「ベイビーシアターを地域に拡げていこう！」というお話も聞き、「げき27特集記事」にあと押しをいただき、今年度《くまもとベイビーシアタープロジェクト》(年五回公演)を熊本県子ども劇場連絡会の事業として立ち上げ6月よりスタートしました。第1回はピアノとうたと民族楽器『音の和コンサート』。参加した方の感想を一部ご紹介します。

「歌声ときれいな音にいやされました。音楽は、耳だけではなくて、全身の細胞で振動を感じるという言葉がしっくりきました。」

「とても心地よい音の空間に子も親もやさしい大きな気持ちになりました。あたたかい地球とのつながりを感じるふしぎな時間でした。」

——みなさん、安心できる環境で音楽に触れることで笑顔になっていました。生まれて初めて触れる舞台芸術に0歳から出会えることは子どもの健やかな成長を促す一つの要素としてあると、すべての方に知っていただきたいと強く願います。

『げき27』

読者から

〈ベイビーシアター〉特集 幸せな気持ちになりました

菊池里枝
板橋区立弥生児童館／劇あそび勉強会

〈ベイビーシアター〉についてくわしくは知らないところから今回の特集を読ませていただき、まず感じたことは「こんなにも温かいアート空間を一緒に感じられる親子は幸せだな」ということでした。

五感をいっぱい使い感じられる舞台、いろいろなイメージが響き合う作品や子育ての悩みを持つ親子にそっと寄り添うアート、そしてLIVEな舞台でその場に居合わせた大人も赤ちゃんも安心して多幸感に浸ることができる時間と空間。ベイビーシアターの持つ魅力を通して、親子の関係がより豊かに、良好なものになっていく姿が目に浮かびました。

私自身も職場で0歳の赤ちゃんとふれあい遊びをするなかで、赤ちゃんの目に力が宿り、ふっと笑ったり、心地よいという感情を全身で表してくれたりすることがあります。ベイビーシアターの役者さんお一人お一人の赤ちゃんや乳児さんへの真摯な思いを全身で感じるところを目の当たりにした保護者は、演劇の持つ力を感じつつ、我が子に「感じる力がある」と確信されることでしょう。そして何より、赤ちゃんがお腹いた頃から大事に大事に語りかけた日々を経て、今度は同じ空間で、同じものを見て共感できた瞬間は何物にも代え難い貴重な親子の経験となり、愛おしさが増し、子育てにとっても大きな意味を持つ時間となると強く感じました。

最近、職場である〈子育て広場〉の日々の会話の中でお母さんがよく呟かれるのが「コロナ禍以降、夫が在宅ワークをしているので赤ちゃんの泣き声が邪魔にならないようにと、家でも気が休まらないのです」という一言です。夫が仕事に集中できるようにと、赤ちゃんを連れて日中外に出る母親も少なくありません。そのような日々ストレスを抱える母親にとって「ベイビーシアターと地域の出会い・つながり」（藤田千史・川崎市アートセンター）の記事のように劇場と地域住民が繋がれるような取り組みに出会えたら、親子で生活の場から少し離れられて、リラックスできる場が増えるのではないかと思いました。そしてベイビーシアターのような文化体験が日常の一部となり、定期的に体験できるような環境になったら、心の栄養に満ちた子育てができるようになるのではと期待が高まりました。

これからもベイビーシアターの発展を応援したいと思っています。

【戯曲】C.C.C.THEATER第7回公演 上演作品

Wonderful World

作——原田 亮

【登場するもの】

［カラス］クイン　バロン（「レインクロー」）
モルジ（モンスターと呼ばれる）
幼少期のアルマ（天使）
幼少期のミルバ（天使）
天使先生（天使学校の先生）
アルマ（天使学校の先生）
［生徒たち］ミラ　ピッピ　リード　マッド
　ブラッシュ　スリーピー
大天使
天使1・2
［インコ］ピータ　ピーコ　ピースケ
　ピーナツ
［オオカミ］クロム　ガッツ　キヌア
［ヒツジ］シルフ　ルーフ　チビ　エピル
［ゴリラ］如月ゴリム　柊ゴリゴ
　花蓮ゴリータ（三人で「ゴリ塚」）
　ファン1～3（「ゴリ塚」のファン）
［ペンギン］ペンペン　ペンニー　ペンネー
動物1～5
ポム（スカンク）
セッカチ（ナマケモノ）
ルドルフ（はぐれオオカミ）
［ウサギ］ニコラ　ニコラの兄
［キツネ］ペル　ペルの姉
動物の孤児たち1～5
ミルバ（元天使）
悪魔1・2（元天使）

C.C.C.THEATER第7回公演『Wonderful World』
2024年1月27・28日、茅ケ崎市民文化会館小ホール

1幕

舞台には柵、奥には台がある。下手の台には演奏スペース。
カラスのクインとバロンが登場。二人が語る（ラップ）。

（クイン＆バロン）
♪　真夜中の帷（とばり）の中
二羽の足音聞こえてくる　yo
黒い羽その色は　まるで深い海　の中みたい
俺らカラスのRapper クイン　バロン

俺ら二人はレインクロ……（バロンが音楽を止める）

バロン ……バロン　クインの順だろ？

クイン いやいや、私が先でクイン・バロンでしょ？

バロン いやいやいや、俺が先でバロン・クインだろ？

二人 はあ？……One more time!

音楽。

♪ 真夜中の帷（とばり）の中
二羽の足音聞こえてくる　yo
黒い羽その色は　まるで深い海　の中みたい
俺らカラスのRapper クイン　バロン（同時バロン　クイン）

クイン おい！

バロン なんだよ

二人 俺（私）が先!!

二人ため息。

♪ 俺ら二人はレインクロー
生まれたこの地は今日もまた　闇が闇を
飲みこんでいく
争い　貧困　差別
そんな世界　こんな世界
気づいているか？　見えてるか？
もうたくさんだ　限界だ　変えたいんだ
こんな世界を
だから聞いてくれ　俺らの歌を
We gotta change the wonderful world

ラップ途中にモルジが登場。

クイン おまえはもしかして、

モルジ （走って去る）

バロン あれあいつだよな？

クイン あああいつだよな？

バロン うん。あいつだな。

クイン おお。あいつだな。

♪ さあはじまるぞ　はじめるぞ
この物語　幕が上がる
見逃すところは一つもない
笑って　泣いて　楽しめよ
さあはじめるぞ　はじまるぞ
この物語は　「Wonderful World」

暗転。

■シーン1

明るくなる。天使のアルマ（幼少期）とミルバ（幼少期）と天使先生が立っている。

会話の途中からアルマが登場する。

天使先生 またやらかしたのか！　ミルバ、アルマ。お前らこのままだと立派な天使になれないぞ。

幼アルマ&幼ミルバ ごめんなさい。

天使先生 反省文30枚だからな。わかったな！

幼アルマ&幼ミルバ はい。（天使先生はける）

幼ミルバ ……また怒られちゃったね。（アルマを見る）ん？　どうしたのアルマ？

幼アルマ （泣いている）

幼ミルバ 泣かないの。

幼アルマ だって、だって。ミルバは何も悪くないもん。全部私のせいなのに。

幼ミルバ しょうがないよ。アルマの矢がハトちゃんとゾウちゃんに当たっちゃんだもん。

幼アルマ なんとかしなきゃって、次うったらキツネちゃんとハトちゃんを好きにさせちゃってゾウちゃんカンカンに怒らせちゃった。

幼ミルバ あれはまず矢を抜かないとね。

幼アルマ ああ本当に下手くそ。

幼ミルバ うん知ってる。でもその後ちゃんと矢抜いたし。

幼アルマ　そのせいでミルバの試験出来なくてバッジ増やしちゃった。
幼ミルバ　ドンマイドンマイ。次がんばろ。
幼アルマ　迷惑かけてごめんね。
幼ミルバ　気にしない気にしない。私はいつもアルマの味方だから。
幼アルマ　ありがとう。
幼ミルバ　うん。（夕日をみて）うわあきれいな夕日。
幼アルマ　……私、本当に一人前の天使になれるかな？
幼ミルバ　二人で世界中を愛で幸せにするって約束したでしょ。だからもうへこむのはおしまい。
幼アルマ　うん。
幼ミルバ　よーし。じゃあケーキ食べにいこう！
幼アルマ　反省文は？
幼ミルバ　ケーキ食べた後ね。いこう。

ミルバとアルマ（幼少期）が去る。舞台にはアルマがいる。

アルマ　……ミルバ。

大天使の声が聞こえてくる。舞台後ろにシルエット（映像）

大天使　アルマ。
アルマ　大天使様。
大天使　どうした浮かない顔をして。
アルマ　いえ、なんでもありません。
大天使　そうか。アルマ、学校の方はどうだ？
アルマ　はい。生徒たちは一人前の天使になるために頑張っております。
大天使　うむ。去年も優秀な天使たちが育ったな。
アルマ　ありがとうございます。
大天使　私たちの使命は地上世界を愛で幸せにすること。
アルマ　世界の秩序を守り、幸せをもたらすことが我らの使命です。
大天使　そうだ。そしてもうすぐ地上界に愛の日が来る。
アルマ　はい。
大天使　そこで今年も天使の試験を行う。
アルマ　わかりました。
大天使　君は指導者としてよくやっている。今年も立派な天使たちが育つようにしっかり指導しなさい。決してミルバのような天使が現れないように。
アルマ　はい。
大天使　彼女の行方はわかったか？
アルマ　いえ、あの日以来どこにいるのか。
大天使　ミルバは優秀な生徒だったのに残念だった。彼女の心の中には悪魔がいた。
アルマ　……。
大天使　見つかり次第すぐに連絡するように。
アルマ　はい。

大天使去る。
学校が始まる鐘の音。アルマ去る。

■シーン2

軽快な音楽と共に照明が変わっていく。場所は天使の学校。天使たちが登場してくる。

歌「ぼくらは未来の大天使‼」

♪
僕らは未来の大天使
世界を愛でいっぱいにするんだ
きらめく翼　輝く笑顔
仲間と共に目指せ試験合格
天使のルール１００！
「その１」愛のカタチを壊さない
「２」社会に混乱を生まない
「３」天使であること絶対ばれちゃだめ！
「４」……以下省略！　わ――っ！
（間奏）
僕らは未来の大天使
世界を愛でいっぱいにするんだ
きらめく翼　輝く笑顔
仲間と共に目指せ試験合格

歌が終わり。舞台にはミラが一人で矢を撃つ練習をしてる。
しかし全然的に当たらない。ミラの腕には

デビルバッジ1つがついてる。

ミラ　えい！（矢を撃つが当たらない）はあ。うまくいかないなあ。（周りを見て）ピッピ遅いな。一緒に練習しようって言ったのに。（撃つが失敗）だめだ。うーん。ちょっと的が遠すぎるのかな？（一歩近づいて撃つが当たらない）

ピッピが登場。ピッピにもデビルバッジが1つ。

ピッピ　ミラ。こんなところで何してるの？
ミラ　ピッピ遅いよ。
ピッピ　何が？
ミラ　自主練しようって言ったじゃん。
ピッピ　そうなの⁉
ミラ　そうだよ。
ピッピ　ごめんごめん。よし練習しよう。
ミラ　うん。（目の前の的を狙って矢を放とうとする）
ピッピ　何してるの？
ミラ　この的に当ててんの。
ピッピ　うん。……近すぎない？　それだったら直接さした方が早いよ。
ミラ　いいの！（弓を弾きながら）まずはこ・こ・か・ら（放つが全然違う方向に飛ぶ）あっ。
ピッピ　本当に下手くそだね。
ミラ　じゃあピッピがやってみてよ。

二人が喋っていると他の天使たちリード、マッド、ブラッシュ登場。
三人にはそれぞれエンジェルバッジがついている。

リード　あいつらまた居残り練習してるよ。
マッド　今日もテスト不合格だったからね。
リード　ダッサ。
マッド　だからほら（二人の胸を指す）
ブラッシュ　うわあもう1つついてる。はずかしい。
リード　お前ら落らこぼれのせいでおれらの代は、歴代一のダメ組って言われてんだぞ。
ブラッシュ　恥ずかしい！
ミラ　ごめん。がんばるよ。
ピッピ　だからこうやって練習してるんじゃん。
マッド　ムダムダ。
ピッピ　はあ！　うるさいな。邪魔しないでよ。
マッド　なんだよ、ピッピ。
ピッピ　なによ。
マッド　なんだよ。
ピッピ　なによ。
マッド　ああ！
リード　マッドやめとけ。とにかくぼくらのジャマだけはするなよな。
ミラ　うん。
リード　いこう。……あれ、スリーピーは？
ブラッシュ　あれ？　どこいった？

スリーピー（頭に矢が刺さった状態で）登場。

スリーピー　（眠たそうに）みんなぁ～。
マッド　スリーピー、どこいってたんだよ、ええ！
ブラッシュ　あんた頭どうしたの？
スリーピー　ん？　どうかした？（矢を触って）あ、刺さってるぅ～。
ブラッシュ　貫通してるよ。恥ずかしい。
ミラ　それ私のだ。
スリーピー　あ、そうなの？　気をつけてねぇ。
ミラ　大丈夫？
スリーピー　ちょっと意識飛びそうだけど大丈夫ぅ。

鐘の音がする。

リード　あれ？　学校から呼び出しだ。いくぞ。

全員が去る。
学校に変わる。アルマが登場し天使たちを待っている。
ミラ・ピッピ・リード・マッド・ブラッシュ・スリーピー登場。

リード　アルマ先生。どうしたんですか？
アルマ　発表があります。みなさんの最終試験が決まりました。

リード　ええ！　じゃあそれに受かったら、

アルマ　はい。あなたたちは立派な天使の仲間入りです。

スリーピー　やったー！（全員盛り上がる）

アルマ　みなさんご存知の通り、もうすぐ地上界に愛の日がきます。そこで動物たちにたくさんの愛を届けてもらいます。

ブラッシュ　愛のキューピットですね。

アルマ　あなたたちの使命は……

全員　世界の秩序を守り、世界を愛で幸せにする!!

アルマ　そうです。そこでエンジェルバッジを5つ集めれば合格です。

マッド　よーし！　やってやるぞ。

アルマ　わかっていると思いますが、しっかりルールを守って行動してください。特に愛のカタチを壊すような行動は……

ピッピ　ん？　愛のカタチ？

スリーピー　忘れちゃったの？　ルール1愛のカタチを壊さない。たとえば違う動物たちでカップルや仲間を作らないってことぉ。

ピッピ　……どうして？

ブラッシュ　混乱が起こるから。

ピッピ　混乱って？

ブラッシュ　うるさいな。それがルールなの。

アルマ　皆さんの成功を祈ります。もしルール破ったらデビルバッチだぞ。

全員　はい！

リード　よーしみんながんばろうぜ。

スリーピー　はーい。

マッド　おいピッピ。気をつけろよ。デビルバッジ5つで悪魔の仲間入りだから。

ピッピ　わかってるよ！

マッド　なんだよピッピ。

ピッピ　なによ。

マッド　なんだよ！

ピッピ　なによ！

二人　ああ！

リード　マッド。ほら行くぞ。

ピッピ　（ミラに）私たち大丈夫だよね？

リード、マッド、ブラッシュ、スリーピーが去る。

ピッピ　あいつら本当にウザ！　ミラ、がんばろうね。

ミラ　うん。（不安そうに）

アルマ　ミラ。今日も練習してたんでしょ。えらいわ。

ミラ　はい。

アルマ　大丈夫です。二人ともがんばってください。応援してますよ。

ミラ・ピッピ　はい！

アルマ去る。

ピッピ　アルマ先生やさしいね。

ミラ　うん。いつも応援してくれる。この前も先生、自主練付き合ってくれたんだ。

ピッピ　じゃあ試験合格して先生喜ばせてあげよ！

ミラ　うん!!

ミラとピッピも去る。照明が変わる。クインとバロンが登場。

■シーン3

歌「アニマルワールド」

（クイン＆バロン）

♪さあ、かれらの最終試験はじまる。はにかむ動物たちに愛を
調和のとれた世界以外はなし　this is the mission of Angels.
愛で埋め尽くす　マジやばいぜso
これが楽園　じゃなきゃ残念
さあはじまるぞ　はじめるぞ Lets go to the origin of love
「動物たちに正しい愛を……」
「What the hell! 正しい愛ってなに？」
「さあ、しらねー。お前知ってる？」
「いやあ、よくわかんねー。」
……目には見えない天使達が巻き起こす
愛の冒険、その道標

軽快な音楽と共にさまざまな動物たちの登場。

♪

もうすぐやってくる　ラブフェス
年に一度のお祭りさわぎ
みんなで愛を　愛を歌おう
大好きな君にこの花を渡そう

待ちきれないな　楽しいラブフェス
街は彩る　笑顔もはずむ
友達へ家族へ恋人へ
大切な君にこの花を渡そう
（間奏）
さぁ来るぞ　もうすぐやってくる
僕らの！いや私たちの！いや俺たちの！
……「僕、私、俺」たちのラブフェス！

動物たちが去る。
インコのピータ、ピーコ、ピースケ、ピーナツ登場。

ピータ　ピーコ！
ピーコ　何ピータ？
ピータ　君のことが大好きだ！
ピーコ　ピータごめんなさい。ピースケ！
ピースケ　何ピーコ？
ピーコ　あなたのことが大好き！
ピースケ　ピーコごめん！　ピーナツ！
ピーナツ　What?　ピースケ？
ピースケ　お前が大好きだ！
ピーナツ　ピースケ、アイムソーリー。ピータ、アイラブユー。
ピータ　ピーナツごめん。無理！
四人　大好きだ！
四人　ごめんなさい！
四人　またフラれた～！

インコ達が去る。
オオカミのキヌアが入ってくる。後からクロム、ガッツ。

ガッツ　おいクロム。もうすぐラブフェスだな。誰に花贈るんだ？
クロム　うーん。
ガッツ　「うーん」じゃねえよ。
クロム　いい人いたらね。
ガッツ　去年もおとしもそう言って愛の花渡さなかっただろ。（キヌアから離れて）じゃあさ、俺の妹はどうだ？　あいつお前のこと気に入ってるからさ。
クロム　キヌア？　キヌアのことは妹としか思えないよ。
ガッツ　アオーン。そんなこと言わないでさ。ラブフェス誘ってやってくれよ。
クロム　うーん。
ガッツ　キヌア。お前クロムとラブフェス行きたんだよな？
キヌア　ちょっとお兄ちゃん。
ガッツ　クロムが誘ってくれたら嬉しいって言ってただろ。
キヌア　やめてよバカ～！……でも、（クロムに）誘ってくれてもいいよ。アオン。
クロム　……考えておくね。
ガッツ　（ヒューヒューって意味で）アオーンアオーン！
キヌア　ちょっと茶化さないでよお。
ガッツ　アオーンアオーン！

ヒツジのルーフとチビが登場。

ルーフ　オオカミがまたうるせえな。なあ、チビ。
チビ　そうっすねルーフの兄貴。メエッヘッヘッへ。
ルーフ　遠吠えはお月さん見ながらにしな。な

　あ、チビ。
チビ　そうっすね。メエッヘッヘッへ。
ガッツ　ああ？　なんか言ったかルーフ。
ルーフ　うるせーって言ったんだよ。ガッツ。
ガッツ　なんだと。くっちまうぞコラ！
ルーフ　やれるもんならやってみろよ！　ヒツジキックかますぞ！
チビ　兄貴！　あにきが足出すほどじゃねえっす。おいらが（ガッツに近づいてメンチをきる）テメエエ!!
ガッツ　（がんを飛ばし返す）ウウウウウ!!
チビ　（めっちゃビビって）ごめんなさい。
ガッツ　がっはっはっは。ヒツジがオオカミに逆らってんじゃねーよ。
ルーフ　ああ！
クロム　ガッツそのくらいにしとけよ。

　ガッツとルーフが睨み合ってる。ヒツジのシルフ登場。

シルフ　お兄ちゃん。
チビ　シルフさん！
シルフ　また絡んでるの？やめなさいよ。
ルーフ　うるせえ。俺はこいつらが大っ嫌いなんだよ！
ガッツ　それはこっちのセリフだ！
ルーフ　テメエエ！
シルフ　やめて！　チビ、止めて。
チビ　うっす！　兄貴ここは一旦抑えて。それ以上やるってんなら俺も黙っていられ……
ルーフ　ああ！
チビ　すみません。
シルフ　こら、（チビを）いじめないの。
チビ　シルフさん。ありがとうございます。……あっ知ってます？　今年のラブフェスにレインクローが出るらしいっす。よかったらおいらと一緒に見に……

　突然、「きゃあああ」とゴリラファンたちが登場。その時にファンたちがシルフにぶつかる。クロムが抱き止める。照明が二人だけになる。

クロム　大丈夫？
シルフ　ありがとう。

　目が合う。少し間。離れる。

ファン1　たしかこのへんよ。
ファン2　あの方々のシークレットゲリラ・ライブ！
ファン3　よし！　私たちが1番乗りね。まだかしら、私たちの
三人　ゴリ塚様!!　きゃあ（ドラミング）
ファン1　わたし達ファンだけが知ってるシークレットゲリラライブ。
ファン2　全力で応援しましょ！　私たちの声援がゴリ塚さまを輝せるの！
ファン1・3　（返事）ウホ！
ファン3　応援グッズ持ってきた？（二人頷く。ペンギンのペンペンが登場）私の如月ゴリムさま。
ファン1　柊ゴリゴさま。
ファン2　花蓮ゴリータさま。
三人　きゃあああ（ドラミング）
ペンペン　こんにちは。
ファン1　ん？　ちょっとあんたまた来たの？
ペンペン　はい。応援しに来ました。
ファン2　あんたはファンクラブ入れないって言ったでしょ。
ペンペン　でも、ぼくもゴリ塚さんのファンなんです。仲間に入れてください。
三人　だめよ帰って！
ペンペン　そんなあ。ぼくも練習してきたんです。見てください。（ドラミングをやる）
ファン3　ペンギンがゴリ塚ファンになれるわけないでしょ！　帰れ、帰れ！
ファン1・2　そうよ！　かえれ！　かえれ!!

　ゴリラファンたちが「かえれ！　かえれ！」と言う。すると音楽が聞こえる。

ファン1　この曲はゴリ塚様の新曲！
三人　「アモーレ　ゴリーラ！」

　三人のゴリ塚。如月ゴリム、柊ゴリゴ、花蓮ゴリータの登場。

歌「アモーレ　ゴリーラ！」

♪今日も君を待ってるよ
このバナナの木の上で
月が登り　影が伸びて
君の面影を思い出す

風が吹く（Fu-Fu-Fu-）
流れ星（シュッシュッシュッ）
ドラミング（ウッホッホー）

「今どこにいるの？」

待ちきれない　待ちきれない　待ちきれない
アモーレ　アモーレ　ゴリーラ
会いたいよ　会いたいよ　会いたいよ
アモーレ　アモーレ　アモーレ　ゴリーラ
何があっても僕は　君がくるその日を
ずっと　ずっと　ずっと待ってる

歌終わり。

ゴリム　やあアモーレたち。チャオ×3。今日はライブに集まってくれてどうもありがとう。
ゴリゴ　そこのYou. 新しいNew songはどうだったかい？
ファンたち　最高!!（ドラムミング）
ゴリータ　僕のアモーレならもっと出せるんじゃないの？
ファンたち　最高!!!!
ゴリータ　おお！　グラッチェ！　ありがとう。この曲は君たちアモーレの事を歌ってるんだ。
ファンたち　キャア！（ドラミング。ファン1が気絶）
ゴリゴ　（ファン1に）OH MY GOD!!　俺のアモーレが！　大丈夫かい？
ファン1　ゴリゴ様。
ファン2・3　ずるーい！
ゴリム　僕たちの夢はラブフェスに出て世界中のモンバナナ。僕たちの可愛いバナナちゃん達に愛を届けること。
ゴリータ　そのために君たちの応援が必要です。よろしくね。
ファンたち　ウホ!!
ペンペン　あのお、
ゴリータ　どうしたんだい？
ペンペン　握手してください。
ゴリータ　もちろん。
ファン2　ちょっとあんた何やってんのよ。
ファン3　汚い手でゴリータ様に触ってんじゃないわよ。
ゴリータ　アモーレたち。そんなことを言っちゃいけないよ。君お名前は？
ペンペン　ペンペンです。ずーっとファンなんです。
ゴリータ　ありがとう。これからもよろしく。
ペンペン　はい!!
ゴリゴ　おい。ゴリータ。What are you doing!?!?
ゴリム　この子は僕たちの仲間じゃないだろ。
ゴリータ　でも、ぼくらのファンだって。
ゴリゴ　他の仲間のアモーレたちに示しがつかないだろ。
ゴリム　ちゃんとルール守れよ！

天使たちミラ・ピッピ・リード・マッド・ブラッシュ・スリーピーが動物のかぶりものをつけて登場。

リード　よおし着いたぞ。
マッド　この人たちをラブラブにさせればいいんだな。
ブラッシュ　あのゴリラくんとゴリラちゃんとかだよね？　おっけー。誰がいっぱいカップル作れるか競争しよう。
スリーピー　いいよお。
リード　でも待った！　ミスのないようにな。
スリーピー　まかせて～。マッド（かぶりものをみて）かわいいね。
マッド　うるせえな！　天使ってバレちゃダメなんだからしょうがないだろ。ブーブー！
リード　おい、ミラとピッピ。しっかりやれよ。
ミラ　うん。

ピッピ　はいよ〜。
ブラッシュ　あっちの方がもっと動物が集まってるよ。

リード・マッド・ブラッシュ・スリーピー去る。インコ達登場。

ミラ　ピッピがんばろうね。
ピッピ　うん。じゃあ私はどの子たち狙おうかなあ。
ピータ　ピーコ、ぼくと付き合ってください！
ピーコ　ごめんなさい。ピースケ、あなたの彼女になりたい！
ピースケ　ごめん！　ピーナツ、一緒にデートいこう！
ピーナツ　アイムソーリー。ピータ、アイムインラブウィズユー。
ピータ　ごめん。無理！
四人　付き合ってください！
四人　ごめんなさい！
四人　やっぱりうまくいかねーな！
ピッピ　よし、あのインコちゃんにきーめた！
（矢を放つ）

ピッピの矢は四人に刺さるが、

ピーナツ　ピースケ、アイラブユー！
ピースケ　ごめん。ピーコ、君が大好きだ！
ピーコ　ごめんなさい！　ピータ、あなたが好きよ！
ピータ　ごめんよ。ピーナツ、大好きだ！
ピーナツ　ソーリー。無理！
四人　大好きだ！
四人　ごめんなさい！
四人　全然うまくいかねーな！
ピッピ　あれ？
ミラ　よーし！（祈りながら）うまくいきますように。えい！（矢を放つ）

ミラが放った矢が他の動物同士に刺さる。

動物1　そこのレッサーパンダ！
動物2　なにねずみ？
動物1　わたしはマウシー。
動物2　あたいはパンタン。
動物1・2　（お互いに）大好きだ！
動物3　ちょっと何言ってんの⁉
動物4　あたいはちゅーこ。
動物5　あたしはパンちゃん。
動物4・5　（お互いに）付き合おう！
動物3　ええどうしたんだよ！
ミラ　ああ間違えた！　なんとかしなきゃ！
（矢を放つ）

ゴリータとペンペンに刺さる。

ゴリータ　（ペンペンに）僕だけのアモーレになっていただけますか？
ペンペン　えっ本当ですか？
ゴリゴ　ゴリータ、Are you kidding?
ゴリータ　発表します！　僕はこの人と結婚します！
ファンたち　ええええええ！

リード・マッド・ブラッシュ・スリーピーが戻ってくる。

ブラッシュ　なんだこれ⁉
マッド　めちゃくちゃになってる。
スリーピー　やっぱーい‼
リード　お前らがやったのか⁉
ミラ　ごめんなさい‼　なんとかするから。
リード　ちょっとまて！

ミラが最後の矢を放つ。それがクロムとシルフに刺さる。その瞬間二人以外が静止。クロムとシルフが目が合い二人が近づく。

クロム　君、お名前は？
シルフ　私はシルフ。あなたは？
クロム　僕はクロム。シルフ、素敵な名前だね。
シルフ　ありがとう。ねえクロム、この鼓動……聞こえる？
クロム　うん。これは僕の心臓の音。
シルフ　いいえ。これは私の心臓の音。
クロム　いや、二人の鼓動だ。

シルフ　私とあなたの。このドキドキはまさに……

二人　恋!!（二人が手を繋ぎ走り去る）

クロムとシルフが走り去る。静止が終わり。

ブラッシュ　もう最悪!!

マッド　ミラ何やってんだよ！

リード　今すぐ矢を抜くぞ！

ミラ　ごめんなさい!!!

スリーピー　おっけー！

暗転していく。

■シーン4

夜になる。月が出てる。クロムとシルフが入ってくる。

シルフ　ここまでくれば大丈夫。（月を見つけて）ねえ見て……きれい。

クロム　（呼吸が荒い）はあ、はあ。

シルフ　大丈夫？

クロム　う、うん。はあ、はあ。

シルフ　クロム、どうしたの？　苦しいの？

クロム　ごめん。君をみてると胸の鼓動が止まらないんだ。

シルフ　大丈夫？

クロム　でも、君をみたい。君の瞳をもう一度。……（ゆっくり見る）ああ！（倒れる）

シルフ　クロム!!

クロム　シルフ。君はなんてふわふわなんだ。それにこの甘い香り。（深く深呼吸）

シルフ　私もあなたの肉食動物独特の匂い好き。（深く深呼吸）メエエ

クロム　ありがとう。（笑顔を見せる）ニッ。

シルフ　やめて！

クロム　どうしたんだい？

シルフ　笑顔から見えるその牙。ああ、ドキドキが止まらない。

クロム　シルフ！

シルフ　クロム！

クロム　アオーーーン！

シルフ　（同時に）メエエエエ!!

クロム　そうだ！　このまま山頂で満月を見ながら遠吠えしよう。（シルフの手を持って行こうとする。）

シルフ　ダメエエエ！……ごめんなさい。そろそろ家に帰らないと。

クロム　なんで？

シルフ　兄が心配する。それに……

クロム　どうしたの？

シルフ　あなたはオオカミ。私はヒツジ。一緒にいるところを見られたら大変。

クロム　そんなの関係ない！　だって僕は君を食べてしまいたいくらい愛しているんだ！

シルフ　愛している？

クロム　そうだよ！

シルフ　クロム!!（抱きつく）メエエエエエ！

クロム　（同時に）アオーーーン！

シルフ　でもやっぱりだめエ。メエ、メエ、メエエエエ！　私たちが愛し合うなんて許されない。もしバレたら争いになる！

クロム　そんな……。

シルフ　しょうがないよ。それが世界の掟。……私いくね。（去ろうとする）

クロム　もう会えないの？（シルフが立ち止まる）

シルフ　会えるよ。わたし、あなたの夢の中に会いに行く。ベッドで私のこと……数えて。

クロム　シルフ!!

シルフ　さようなら。私の大好きな人。（走って去る）

クロム　アオーーーン!!（反対側に走り去る）

だれもいない舞台にモルジが登場。止まって月を眺めている。花を取りだして捨てていく。そこにピッピとミラ（バッジ2つずつ）が登場。それに気づいてモルジは走り去る。

ピッピ　いやあ大変だったね。（ミラをみて）ほらあ、そんなにへこまないの。

ミラ　うん。

ピッピ　みんなで元に戻したから大丈夫だよ。ミラ　ごめんね。

ピッピ　ドンマイドンマイ。まあ私も結局イン

コちゃんたちカップルにできなかったけどまた明日がんばろう。

ミラ　うん。（花に気づく）あれ、これって。

ピッピ　あっ。愛の花だ。誰か落としちゃったのかな？

ミラ　（落とした人を探す）

ピッピ　それラブフェスの時に大切な人に渡すんでしょ。恋人とか家族とか親友とか。

（リード入ってくる）

リード　こんなところにいたのか。集合がかかったぞ。

ピッピ　集合？　こんな時間に？

リード　そう。なんか悪魔たちがおかしなことしてるって。

ピッピ　おかしなことってどんな？

リード　はっきりしたことはわかんないらしいけど、とりあえずミーティングするって。

ピッピ　私たち試験中なのに。

リード　僕だって試験に集中したいよ。悪魔たち静かにしてればいいのにさ。内容によっては処分もあるらしい。いくぞ。

三人去る。照明が切り替わる。

次の日、オオカミたちが住む区域。ブラッシュ（デビルバッジ1つ）が入ってくる。そのあとスリーピー入ってくる。

ブラッシュ　あああ！　どうしよう――！　やばいよ――！

スリーピー　ブラッシュー。どうしたのぉ？

ブラッシュ　スリーピーどうしよ！　デビルバッジついちゃった。

スリーピー　うわああ本当だぁ。やっべー!!

ブラッシュ　ああぁ、私はなんて落ちこぼれのダメダメ天使なの!!

スリーピー　まあまだ1個だし大丈夫だよぉ。

ブラッシュ　でもでもでもー！

スリーピー　落ち着けってぇ。ブラッシュなら大丈夫ぅ。

ブラッシュ　ありがと。（スリーピーのバッジ3つを見て）えっもうそんなに？

スリーピー　うん。私あんたと違って優秀だからぁ。

クロムとガッツが入ってくる。ブラッシュとスリーピー隠れる。

クロムは目をつぶって数を数えてる。

ガッツ　（クロムは話を聞いてない）それでなキヌアのやつ、「お兄ちゃんがちゃんと誘ってくれないからダメなんだ！」ってカンカンでさ。ほら見てよここ。噛まれちゃったよ。甘噛みだけど。……おい、聞いてんのか？

クロム　あっごめん。

ガッツ　（顔をみて）大丈夫か？

クロム　最近全然寝れなくてさ。

ガッツ　なんで？

クロム　あの子と会うために数えてたんだけど。「シルフが1匹、シルフが2匹、シルフが3匹、4、5、6、7……。」（興奮して）アオーーーン！

ガッツ　おいおい落ち着けよ！　んっシルフ？

クロム　ガッツ。実はさ、僕シルフに恋しちゃったんだ。

ガッツ　シルフってあのヒツジのシルフか？

クロム　うん。

ガッツ　はあ！　そんなのありえねえだろ！あいつヒツジだぞ。わかってんのか？

クロム　わかってる！　でもね僕、彼女が好きなんだ。

ガッツ　そんなの許されるわけねえだろ！お前掟をやぶるつもりか？

クロム　…………

ガッツ　おいクロム冗談だよな？

クロム　本気だよ。彼女だって僕のことを、

ガッツ　お前あの女に騙されてんだよ。

クロム　騙されてなんてない！

ガッツ　おいクロムしっかりしろよ。

クロム　ガッツ。僕らは本気なんだって。

ガッツ　やめろ。こんなこと他のみんなに知られたら、

クロム　ぼくらは愛し合ってるんだ。

ガッツ　ばかやろー！（殴る）……お前ルドルフの様な目にあいたいのか？

クロム　ルドルフ？

ガッツ　お前しらねーの？　あいつもヒツジに恋して掟を破ったんだよ。

クロム　本当に！
ガッツ　そうだよ！　それがバレてみんなから裏切り者扱いされてひでえ目にあったんだぞ。
クロム　二人はどうなったの？
ガッツ　なんかよくわかんねえけど、ヒツジの方は死んじまったらしい。ルドルフは山に逃げたって。お前、あいつみたいになりたいのか⁉
クロム　でもさ、僕、真剣なんだ。シルフのこと……
ガッツ　ふざけるな！（殴る）よりよってあのルーフの妹をだと。お前俺らを裏切るか！
クロム　僕はただ彼女が好きなんだよ。わかってくれよ！
ガッツ　クロム。許さねーからな。俺らを裏切ったら絶対許さないからな。（クロム走って去る）おい待て！（追いかける）
ブラッシュ　スリーピー、どうしよ。大変なことになったよ！
スリーピー　ヤバいねぇ。すぐにみんなに報告しなきゃ！

二人去る。
ヒツジたちが住む区域。チビとルーフが入ってくる。

チビ　お願いしますよ、ルーフさん。僕メエエっちゃ、メエエエっちゃシルフさんが好きなんですよ。だから僕とラブフェス行くように言ってくださいよ。
ルーフ　うーん。わかったけどさあ。でもなあ（チビを見て）……チビ、お前かあ。
チビ　なにその残念な感じ。僕はメエエエッちゃ大好きなんですよ。絶対に幸せにしますから。ねっお兄さん！
ルーフ　お兄さん？
チビ　ほら、シルノさんと結婚したらルーフさんは僕のお兄さんになるんですから。ねっお兄さん。
ルーフ　……。

ルーフとチビが喋ってる。シルフとエピルがくる。

エピル　あらどうしたの？　元気ないね。
シルフ　うん。
エピル　もうすぐラブフェスだね。愛の花渡す相手決めた？
シルフ　いるけど。
エピル　うそマジで！　どんな人？
シルフ　でももう会えないの。
エピル　なにそれ！　お名前は？
シルフ　クロム。
エピル　なんで会えないの？
ルーフ　エピルちゅあん。
エピル　あら、（怒った風に）ルーフいたの？
ルーフ　（エピルに）今日もかわいいね。
エピル　（怒った感じで）そうですか。あ・り・が・と。
ルーフ　まだへそ曲げてんのかよ～。この前はごめんって～。
エピル　別に。
ルーフ　俺のエピルちゅあんもう怒らないで。
エピル　じゃあ今日の私いつもと違うけどわかる？（毛を指でクルクルさせる）
ルーフ　えっ……あっいつも右巻きなのに左巻きにしてる。
エピル　正解！
ルーフ　左巻きの君もメエエっちゃラブリー。
エピル　やだ～。（二人で「メエエ」言いながらイチャイチャしてる）
チビ　（ルーフに）ちょっと……
ルーフ　なんだよ？……ああ。シルフ、チビがどうしてもお前とラブフェスに行きたいんだってさ。
チビ　シルフさん。僕メエエエっちゃ一緒に行きたいっす！
エピル　残念。シルフにはもうお相手がいますー。
チビ　めえええ！（ええええ！）
ルーフ　どいつだよ？
エピル　クロムっていうんだって。
ルーフ　クロム？　なんか聞いたことあんな。
エピル　でももう会えないんだって～切ないでしょ～。
チビ　シルフさん。なんで、なんで、なん

でぇぇ。メエエエ

ルーフ、エピル、チビが話しているとヒツジの格好のクロムが登場。

クロム　シルフ!!

シルフ　ク、クロム!?（クロムが近づく）ここで何してるの？

クロム　君に会いにきた。

ルーフ　お前だれだ？

エピル　まさかこの子がクロム？

ルーフ　お前どこのヒツジだ？

チビ　てめえがシルフさんをたぶらかしたクロムか。テメエエエ！（殴りかかろうとする）

ルーフ　（チビを止める）

シルフ　ちょっと……（クロムを引っ張ってルーフたちから離れる）どうして？

クロム　シルフ。君に会えないなんて無理だ。

シルフ　でも、夢の中で会いましょうって。

クロム　うん。でもこうやって、（目をつぶる）「シルフが1匹、シルフが2匹、シルフが3匹、4、5」……寝れるわけない！

シルフ　でもクロム。私たちは許されな……

クロム　（指でシルフの口を止める）ずーっと会いたかった。

シルフ　クロム……私もよ。

クロム　（抱き合って）アオーーーーン!!

シルフ　（同時に）メエエエエ!!

ルーフ　アオーン？

クロム　あっ、いやあの。メエエエ。

エピル　（シルフに）よかったじゃない。クロムだっけ？　なに～いい男じゃない。

クロム　ありがとう。（笑顔で）ニッ。

エピル　ん？　あんたそれ牙？

クロム　いや、八重歯です。

エピル　体も立派ね。

クロム　鍛えてますから。パワーー！

チビ　ふん、（クロムにガンを飛ばしながら近づく）おいらは認めねえからな。絶対に認めネエエエ!!

ルーフ　とりあえずシルフにも相手ができたってことか。クロム、よろしくな。

クロム　うん。よろしく。（二人は握手をする）

ガッツ・キヌア登場。

ガッツ　クロムー！

クロム　ガッツ！

ルーフ　なんだお前！　ここはヒツジ区域だぞ。

ガッツ　うるせえ、俺の仲間を返せ！

キヌア　あんたがシルフね。この女ヒツジがあ！　ふん何よこのクルクルの毛。私の方が100倍可愛いじゃない。よくもクロムをたぶらかしたわね！

エピル　はあ！　あんた何言ってんのよ。

キヌア　あんたは黙ってろー！

エピル　はあふざけんなよ。このガキんちょが！

キヌア　うるせー！　ガキはおめえだろ。

エピル　ああ!!（二人がキックとパンチをして睨み合う）いい！　クロムはヒツジ。あんたたちオオカミには関係ないでしょ！……えっ？

ルーフ　おまえ、もしかして……オオカミ？

クロム　（ごまかしながら）メエエエ。

ルーフ　てめえ！（殴ろうとする。クロムがかわして、ガッツたちの方へ行く）

シルフ　お兄ちゃんやめて、話を聞いて。

ルーフ　（シルフに）どういうことだ。お前なにやってるかわかってんのか。

クロム　ガッツ、話を聞いてくれ。

ガッツ　（クロムに）うるさい。

ルーフ　（クロムに）てめえよくもシルフを騙したな。この掟破りがあ！

ガッツ　それはこっちのセリフだ！　お前らを八つ裂きにしてやる。

ルーフ　返り討ちにしてやるよ！

ガッツとルーフが掴み合いになる。

シルフ　お兄ちゃんやめて！

エピル　もう止められない！　あんただって知ってるでしょ。ゲーテおばさんはオオカミに騙されて死んだんだよ。

シルフ　私は本当にクロムが好きなの。

エピル　そんなこと許されない！

ルーフ　おまえら、やっちまえ！

ガッツ　（同時に）やっちまえ！

ヒツジとオオカミの戦いダンス。ダンス中にリード・マッド・ブラッシュ・スリーピー・ミラが入ってくる。

リード　おい！　大変なことになってるぞ。
ミラ　あの二人に刺さってるの私の矢だ。
マッド　全部抜いたんじゃないの⁉
ブラッシュ　止めないと怪我人がでるよ！
スリーピー　そんなのバレたら私たち即落第だー。

ガッツとルーフの一騎打ち。ガッツがルーフを飛ばして殴ろうとする。それをクロムが止める。

クロム　ガッツ、やめろ！
ガッツ　放せ！

そこにルーフが一発いれて、ガッツが吹き飛ぶ。

ルーフ　ほら、かかってこいよ！　俺はシルフをゲーテおばさんの二の舞にはさせない！
シルフ　お兄ちゃん、やめて！　こんなの馬鹿げてる。
クロム　話をきいてくれ！
ガッツ　うるさい！　お前はオオカミ。あいつはヒツジ。
ルーフ　お前らは掟を破ったんだ。（ガッツに）決着をつけてやる。
ガッツ　それはこっちのセリフだ！
二人　おらああ！

ルーフとガッツが向かい合っていく。

クロム　やめろーー！
シルフ　（同時）やめてーー！

天使が二人の矢を抜く。二人は倒れる。
ガッツ　クロムどうした？
ルーフ　シルフ、大丈夫か？
クロムとシルフが起き上がる。

クロム　ううう。ん？　どこだここ？（自分を見て）なんだこの格好⁉
シルフ　お兄ちゃんたち何してるの？（クロムを見てびっくり）あなた誰？
クロム　君こそ誰？　おい、ガッツ僕らここでなにしてんだ？
ガッツ　はあ！　お前がそのヒツジにたぶらかされて。
ルーフ　シルフ、お前こいつに騙されたんだぞ。
シルフ　わたしがこの人に？　でも、

お互い目を合わす。

シルフ　私……この人知らない。
クロム　（同時に）この子知らない。

暗転。

■シーン5

明るくなると。ミラ（デビルバッジ3）が入ってくる。

ミラ　（ため息をつく。そこにアルマが登場）
アルマ　ミラ。色々大変だったみたいね。（バッジを見て）３つ目ですか。
ミラ　はい。みんなにまた迷惑かけちゃって。……わたし本当に落ちこぼれです。
アルマ　そんなことないですよ。あなたは頑張っているじゃないですか。
ミラ　でも失敗ばっかりで……このままじゃ先生みたいな立派な天使になれるかどうか。
アルマ　私みたいな？
ミラ　私先生みたいな優しい優秀な天使になりたいんです。でも……
アルマ　ミラは昔の私にそっくりです。
ミラ　えっ。
アルマ　私も失敗ばかりの天使でした。
ミラ　先生が？

アルマ　ええ。テストは不合格ばっかり。先生には怒られるし同級生たちにはバカにされていつも泣いていました。でもねそんな私をいつもミルバは慰めてくれました。ミルバはいつも私の味方でした。
ミラ　ミルバさん？
アルマ　はい。私の大切な友達。
ミラ　へえ。どこかで天使をやってるんですか？
アルマ　さあ、どうでしょう。ずっと会えてないの。どこかで元気でいてくれれば良いけど。
ミラ　会いたいですか、ミルバさんに？
アルマ　そうね。……ミラ、あなたはきっと大丈夫。自分を信じて頑張りなさい。私はいつもあなたの味方よ。
ミラ　……はい。先生ありがとう。元気が出ました。
アルマ　それはよかった。
ミラ　私、先生やミルバさんのような素敵な天使になれるように頑張ります。
アルマ　うん。

　二人が去る。
　照明が変わり天気は曇り、嵐の起こる前兆。
　ピッピが準備運動してる。

ピッピ　よーし！　今日こそ成功させるぞ。あっきた。

　インコたちが「ぴよぴよ」言いながら登場。
　反対からポム登場。

ピッピ　来た！　しっかり狙って。いけ！（矢を放つ）

　ピータ、ピースケ、ピーナッツ・ピーコだけに刺さる。ピーコはスカンクのポムに恋する。

ピータ　ピーコさん！
ピッピ　（実況してる）ピータがピーコのところに行ったー！
ピータ　最初に会った時からあなただと思ってました。よろしくお願いします！
ピースケ　ちょっとまったあ。
ピッピ　ちょっとまった出たああ！……あれ？
ピースケ　ピーコさん、僕と一緒においしいパンクズ食べに行きましょう。お願いします。
ピーナツ　ちょっとウェイトーー！
ピッピ　ピーナツも出たー！……えっ？
ピーナツ　ピーコ、レッツゴーインコランドトゥゲザーしようぜ！
ピータ・ピースケ・ピーナツ　お願いします!!
ピーコ　ごめんなさい!!
ピータ・ピースケ・ピーナツ　ちっくしょー！
ピーコ　そこの通りすがりのスカンク！
ポム　えっ？　ぼ、僕!?
ピーコ　大好きです!!
ポム　ぼ、ぼくこと好き？
ピッピ　大・どん・でん・返し!!
ポム　え、え、えええ（おならをする）
全員　くっせー！
ポム　ご、ごめんなさーい！（走って去る）

　インコたちも走って去る

ピッピ　……またやってしまった。

　ミラが登場。

ピッピ　ヤッホー。大変だったみたいだね。
ミラ　みんなにこっぴどく怒られちゃった。
ピッピ　だろうね。ミラも3つか。凹んでる？
ミラ　ううん。
ピッピ　おお珍しいね泣き言言わないの。
ミラ　うん。わたしがんばってみんなを幸せにするんだ！
ピッピ　いいねー！

　ゴリラファン1・2・3登場。ミラ達隠れる。

ファン1　さあみんな練習するよ。
ファン2・3　ウホ！
ファン1　まずどの曲から始める？
ファン2・3　うーん。
ファン1　じゃあ「ゴリラゲリラ？」「キャベツアモーレ？」「ゴリ塚ステップ？」「ドラドラミング？」あっそれか「バナナと君のラブ

ストーリー?」
ファン2・3　うーん。
ファン2　「バナナンファンファーレ」どう?
ファン3　いいね。
ファン1　オーケー。じゃあ行くよ!　ミュージックスタート!

ゴリ塚の「バナナンファンファーレ」が流れる。
いつの間にかペンペンも登場して参加してる。

歌「バナナンファンファーレ」

♪ドラミング　ドラミング
大きな音で　ドラミング
ウホウホウホホ　愛してる
ゴリムにゴリゴ　ゴリータへ
(ゴリ塚歌)
(Love×4　I love you)
(I×4　I need you)

あなたのすべてにメロメロよ
私のハートはメラメラよ
おい×4

全身全霊愛してる
大胸筋が恋してる
上腕二頭筋のチョモランマ
背中はユーラシア大陸

全身全霊愛してる
大胸筋が恋してる
上腕二頭筋のチョモランマ
背中はユーラシア大陸
(オタ芸ダンス)

歌が終わり。

ファン1　ちょっとあんたなに入ってんのよ!
ペンペン　是非一緒に練習させてください。
ファン2　ふざけんな。あんたなんか認めてないんだからね。
ペンペン　お願いします。
ファン3　うるさい邪魔なんだよ。どっかいけよ。(突き飛ばす)
ファン1　異物がこっちに入ってくるな。これでもくらえ!(うんちを投げる)
ペンペン　ちょっとやめてよ。
ファンたち　おーらおーら。
ペンペン　やめてよ。うんち投げないでよー。
ミラ　ひどい。止めなきゃ。
ピッピ　だめだよ。余計なことで関わっちゃ。
ミラ　でも……

モルジが入ってきてペンペンをかばう。

ファン3　なんだお前!……ん?
ファンたち　モルジだあ!(逃げる)
モルジ　だいじょうぶ?
ペンペン　あ、あ、あ。
モルジ　(手を差し出す)
ペンペン　うわあ。(逃げる)
モルジ　(立ち尽くす)
ミラ　あの子って……
ピッピ　モンスターのモルジだよ。
ミラ　モンスター?
ピッピ　どの動物でもないからモンスターって言われてるの。
ミラ　なにそれ。
ピッピ　仲間がいないんだよ。
ミラ　ひとりぼっちってこと?
ピッピ　うん。一人で山で暮らしてるらしいよ。でもなんで山から降りてきたんだろう。とにかくモルジには関わっちゃいけないって言われてるんだ。……あれ?　ミラ。

ミラがモルジに話しかける。

ミラ　ねえ。
モルジ　(振り向く)
ミラ　あなた本当に仲間がいないの?
モルジ　……
ミラ　ずっと一人で生きてきたの?
モルジ　ごめんなさい。
ミラ　なんで謝るの?
モルジ　ごめんなさい。ごめんなさい。(走っ

て去る）

ミラ　待って。（追いかけようとしてピッピに止められる）

ピッピ　ダメだよ！　関わっちゃいけないんだってば！

ミラ　すごく寂しそうな目をしてた。

ピッピ　うん。でも仲間のいないあの子に私たちは何もできないよ。

リード・マッドが登場。

リード　いたいたいた。探してたんだぞ。

ピッピ　どうしたの？

マッド　これからラブフェスのプレライブがあるらしいんだ。

ピッピ　プレライブ？

リード　レインクローが大広場でライブをやるんだって。

マッド　俺らもいくぞ。

ピッピ　ミラ。行こう。

天使たち去る。シルフが入ってくる。あとからエピル。

エピル　ここにいたの？

シルフ　うん。お兄ちゃんの怪我は？

エピル　大丈夫。機嫌は悪いけどね。

シルフ　そっか。

エピル　でもよかったねオオカミに騙されなくて。

シルフ　……うん。

エピル　本当になにも覚えてないの？

シルフ　うん。

エピル　そっか。まあ早く忘れちゃいな。

チビが入ってくる。

チビ　シルフさーん！　レインクローのライブ始まりますよ。早く行かないといい場所取られちゃいますよ。行きましょう！

エピル　行くよ。

チビとエピルが去る。

シルフ　クロム……。なんだろこの気持ち。

キヌアとクロム登場。

キヌア　本当に何も覚えてないの？

クロム　覚えてない。

キヌア　あんなに大騒ぎになったのに？　あのシルフって女にへんな薬でも飲まされたんじゃないの？

クロム　うーん。

キヌア　でもまあルドルフみたいにならなくてよかったね。

クロム　ルドルフって昔ヒツジに恋しちゃった人だよね？

キヌア　そうそう。あの人最後まで自分達は間違ってないって言い続けたらしいよ。やばいよね。頭おかしいわ。

クロム　ルドルフって今どこにいるの？

キヌア　たしかあの山に住んでるとか？でももう死んでるかもね。あっ時間だ。大広場に行くよ。（去る）

クロム　シルフ……。彼女のことが頭から離れない。どうしちゃったんだろ？

暗転。

明るくなるとそこは大広場。雨が降ってる中さまざまな動物たちが集まっている。天使たちも入ってくる。

ブラッシュ　いっぱい集まってるね。

スリーピー　すごーい。

マッド　今全部カップルにしちゃう？

ピッピ　おっけー！　うりゃっ（インコたちに矢をうつ）

四人　（それぞれに）大好きです！

四人　（それぞれに）ごめん！

四人　ちっくしょー！

スリーピー　今はやめておこう。

ピッピ　……はい。

ファン1　ねえねえモルジが出たって聞いた？

ファン2　ええ、やだー！
ファン1　他の動物たちを襲ったらしいよ。
ファン2　なんで山から降りてくんだよ。
ファン3　もしモルジがゴリ塚様を襲ったらどうしよ。
ファン1　そんなこと想像したら、
ファンたち　きゃああ！
ファン3　大丈夫。そんな時はこれを投げつけてやろ！
ファン1・2　ウホ！
動物6　あのさ、レインクローって何者なの？
動物7　それがさ謎なんだよ。
動物6　どういうこと？
動物7　誰も彼らの生い立ちとか知らないんだって。
動物8　最初は路上で演奏しててそれがヒットしたって聞いたよ。
動物7　その前は世界を旅してたって噂もあるよ。
動物6　へえ。謎多きグループか。なんかかっこいいね！
動物8　どの曲を歌うのかな？　楽しみだねー！
ゴリム　お手並拝見といこうじゃないか。
ゴリゴ　だな。そしていつかおれらがラブフェスで歌い世界中のアモーレたちに愛を届けるぞ。

ゴリータ　その通り‼

それぞれが話しているところにクロムとシルフが登場して、日が合う。

クロム　あっ、こんにちは。
シルフ　こ、こんにちは。
クロム　あの僕、僕本当に覚えてなくて、でも君のことが頭から離れなくて、
シルフ　私も。ずーっとあなたのことかんがえちゃって、
クロム　これってもしかしてなんだけど、僕、君のこと、
シルフ　うん。私もあなたのこと、
エピル　シルフー！　どこー？
シルフ　私いかなきゃ。（エピルのほうにいく。クロムもガッツの方へ）
エピル　どこいってたの？
チビ　さあ始まりますよー！

照明が暗くなって、歓声が聞こえる。クインとバロンにスポットライト。雨がどんどん嵐になっていく。

音楽「ワンダフル ワールド」

（ラップ）
♪　夢と希望をカバンにつめて
世界中を旅していた
南の果てから北の果て
一丁前になる一歩前の話
みんなとなんか違うから
って理由であいつは泣かされて
それを見てあいつら笑ってた
そう、笑ってたんだ
俺らにはわけがわからない
違いは間違いなんかじゃない
それがおまえのらしさなんだ
ただ、それだけなんだ
見えているものだけが真実
本当にそうか心に問いただせ
そこから見る景色はきれいか？
もっと違うとこ行きたくはねえか？
所詮俺らは one of them
でも見つける 輝く only one
この歌に乗せ今花開く
We gotta make the wonderful world

（歌）
♪　僕らの夢はまだ空の彼方
でも叶う気がするんだ君となら
さあ行こう振り返らずに
がむしゃらにただひたすらに
僕らは一人だけど一人ぼっちじゃない
僕らで作る未来　まってたってこない

溢れているんだ　世界は希望で
溢れているんだ　世界は……（カットアウト）

カミナリ音。全体が暗くなり全員がざわつく。モルジにスポットライト。

全員　モルジだあぁ！

カットアウト。休憩。

2幕

■シーン1

柵が散らばって置いてある。ミラ（サルの被り物をつけて）登場。

ミラ　あれ？　ピッピいないなあ。

ウサギのニコラが入ってきて一人ボールで遊んでいる。ボールが柵を越える。

ニコラ　どうしよう。

すると、反対からキツネのペルが来てボールを拾う。

ペル　これあなたの？
ニコラ　うん。
ペル　はい。どうぞ。
ニコラ　ありがとう。
ペル　一人で遊んでるの？
ニコラ　うん。みんな遊んでくれないんだ。
ペル　そうなんだ。
ニコラ　……あのさ一緒に遊ばない？
ペル　いいよ。
ニコラ　本当に?!
ペル　うん。（二人が柵越しにキャッチボールをしながら話す）
ニコラ　名前なんて言うの？
ペル　ペル。君は？
ニコラ　ニコラ。あなたのしっぽかわいいね。
ペル　君の耳ラブリーだね。
ニコラ　本当！
ペル　うん！　僕のと違って長くてラブリーグット！
ニコラ　ペル好きな食べ物なに？
ペル　魚。あなたのその前歯どうやって磨いてるの？
ニコラ　そこら辺の草だよ。
ペル　そこら辺の草かあ。

ニコラ兄とペル姉登場。

ニコラ兄　ニコラなにやってんだ？
ニコラ　お姉ちゃん。友達できたんだ。
ペル姉　ちょっとうちの弟に喋りかけないでよ。
ペル　違うよ。ただ一緒に遊んでただけだよ。
ニコラ兄　私たちに近づくんじゃねーよ。
ペル姉　そっちこそ!!
ニコラ兄　いくぞ！（ニコラを連れていく）
ペル姉　いくよ！　あぁやだやだきもちわる！（去る）
ミラ　……。

モルジが登場。ペンペンが登場し一人でゴリ塚の曲を練習してる。モルジは隠れる。そこにペンニーとペンネーが登場。

ペンニー　おい。ペンペン。
ペンペン　あんちゃんたちどうしたの？
ペンニー　（ゴリ塚グッズを見て）お前まだ追っかけやってんの？
ペンネー　ペンギンがゴリラの追っかけなんてやめてよ。
ペンペン　どうして？　兄ちゃんたちもゴリ塚さんの曲聴いてみてよ。すごくいいんだよ。
ペンニー　聴くわけねーだろ！　なあもうやめろよそんなこと。
ペンネー　あんたみんなに頭おかしい、気持ち悪いって言われてんだよ。もう恥ずかしいったらないよ！
ペンニー　なあ一回病院の先生に診てもらおう

ぜ。
ペンペン　僕病気じゃないよ。ただ彼らの曲が大好きなだけなんだよ。
ペンニー　あのな、ママは何もいわないけど、お前のせいで魚がのどを通らないぐらい悩んでるんだぞ！
ペンペン　でも、あんちゃん。
ペンネー　でもじゃない！　あんたのせいでわたしたちも周りから白い目で見られてんだよ！（ゴリ塚グッズを取って）こんなもの！
（床に叩きつける）
ペンペン　やめてよ！
ペンネー　うるさい！（ビンタ）
ペンペン　ひどいよ。ママにも叩かれたことないのに。
ペンネー　そんなママを苦しめてるのは誰？いい！　絶対にやめなさい！　もし言うこと聞かないなら、兄弟の縁切るからね。
ペンニー　おいペンネー待てよ！

ペンニーとペンネーが去る。

ペンペン　（壊されたグッズを拾って）どうしてだめなの？　ただ好きなものを好きって言ってるだけなのに。（蹲って泣く）

モルジが見ていて近づこうとするが、また怖がれるのではないかと思い近づけない。そして人形のマーリーを出して喋りかける。

モルジ　もう泣かないで。
ペンペン　だれ？
モルジ　怖がらないで。ぼくは正義のヒーローマーリー。君の味方だよ。
ペンペン　ヒーロー？
モルジ　うん何もしないから怖がらないで。君を助けにきた。……大丈夫かい？
ペンペン　壊されちゃって……。僕の宝物なのに。……僕ね、病気なんかじゃないよ。頭おかしくなんてないよ。ただ、ただゴリ塚さんの曲が大好きなだけなんだ。
モルジ　うん。君は病気でもおかしくもないよ。僕は君の味方だよ。
ペンペン　ありがとう。……ねえ出てきてよ。
モルジ　えっ。
ペンペン　後ろにいるんでしょ？
モルジ　いや、あのお。ぼくは……
ペンペン　そうだ。曲を聞いてよ。ね？（近づこうとする）
モルジ　来ないで。
ペンペン　どうして？　出てきてよ。お願い。
モルジ　……。
ペンペン　お願い。
モルジ　（間。勇気を振り絞って出てくる）
ペンペン　えっ。あなた……モルジ？
モルジ　ごめんなさい。
ペンペン　なんで謝るの？
モルジ　君を怖がらせたいわけじゃないんだ。
ペンペン　ううん。僕怖がってないよ。この前だって助けてくれたよね。
モルジ　うん。
ペンペン　僕びっくりして逃げちゃった。助けてくれたのにごめんなさい。
モルジ　ううん。
ペンペン　マーリーかわいいね。
モルジ　ありがとう。

ペンニーが登場。

ペンニー　おいペンペン、さっきは……（モルジとペンペンが一緒にいるところを見て）えっ。お前もしかして。……（ペンペンに）こっちに来い！
ペンペン　えっ。違うんだよ！　モルジはね。
ペンニー　（ペンペンに）何もされてないか？（モルジに）モンスター！　弟に近づきやがって許さないぞ！
モルジ　ごめんなさい。
ペンペン　兄ちゃん。違うんだって。
ペンニー　逃げるぞ！　いいかモンスター。今すぐここから出てけ！
ペンペン　兄ちゃんちがうんだよ。違うんだって！

ペンペンたち去る。立ちすくむモルジ。人形のマーリーに話しかける。

モルジ　……マーリー、また嫌われちゃった。やっぱりダメなのかな、友達なんか作ろうとしちゃ。……うん。もちろん君はいつもここにいてくれるよ。けど、けどさ。（間）どうして？　どうしてみんな僕を避けるの？　モンスターだから？　それとも僕が何者でもないから？　僕はただ友達が欲しいんだ。一緒に話したり笑ったりできる友達。ただそれだけなのに……。一人ぼっちはもう嫌だよ……マーリー、僕はどうすればいい？

歌「僕は何者？」

♪　誰かが言ってたあの言葉何度も思い返して
悲しむことが得意になってる
ああやだな　もうやだな
何度声を上げたって
何度涙を流したって
世界は振り向いてはくれない
そこに僕はもういない

目を閉じる　そこには求めている世界
目を閉じる　みんなが笑いかけてくれる
真っ暗なはずなのに
なんだかとてもあたたかいんだ
つかみたくて　手に入れたくて
目を開ける　でもそこにはもう
だれもいないんだ　もうだれも

間奏　柵を使ってのムーブメント

♪　誰でもいい　誰か見つけて
誰でもいい　名前を呼んで
僕の名前を　僕の名前は……

歌が終わりモルジが去ろうとする。

ミラ　（突発的に）ねえ。
モルジ　（振り向いて逃げようとする。その時にマーリーを落とす）
ミラ　待って逃げないで。私は何もしない。何もしないから。（マーリー拾って）かわいいね。
モルジ　君は？
ミラ　私はミラ。モルジだよね？
モルジ　うん。君、サル？
ミラ　サル？（自分がサルの帽子をつけてることに気づいて）あっ。そうそう。サルのミラ。
（サルを演じる）
モルジ　ねえ、あのさ、あのさ。（ミラ止まって）……マーリー返してくれない？
ミラ　はい。（マーリーを渡す）
モルジ　僕のこと怖くないの？
ミラ　なんで？
モルジ　僕モンスターだから。
ミラ　うん。怖くないよ。さっきだってペンギンくん助けてあげてたじゃん。
モルジ　みてたの？……うん。でもやっぱり嫌われちゃった。
ミラ　モルジ。あなた本当に仲間がいないの？
モルジ　うん。
ミラ　ずっとひとりで生きてきたの？
モルジ　うん。ずーっとね。（マーリーをみて）マーリーだけが僕の友達。
ミラ　モルジ。

インコたちが登場。ミラとモルジが隠れる。そこにピッピ（バッジ3）登場。

ピッピ　今日こそは～（矢を打つ）えい！
四人　（観客の一人に）そこのあなた！　お前に惚れた！　付き合え！
観客　（返答によって返しを変える）
四人　ちっくしょー！（去っていく）
ピッピ　あああああちっくしょー！（被り物を叩きつける）次がラストチャンス。絶対成功させる！

ピッピ去る。

モルジ　えっ。今のなに？

チビ・ルーフ・エピルがモルジを探して登場。

チビ　いたぞ！
エピル　うわあモルジだ。
ルーフ　お前なんで山から降りてきた。
チビ　お前がプレライブ邪魔したんだろ！

エピル　あんたのせいライブ中止になったでしょ！
モルジ　僕はなにもしてない。
ルーフ　うるさいモンスター！　お前は害なんだよ。山に帰れ！
チビ　ここにお前の居場所なんてないんだよ！
ミラ　ちょっとなんて事言うの？
エピル　あんた何？
モルジ　僕はただ、君たちと友達になりたいだけなんだ。
チビ　気持ちわる！　モンスターが何言ってんだ！　兄貴やっちまいましょう！
ルーフ　ああ、こいつを追い出すぞ！
モルジ　やめてよ。

ルーフとチビがモルジに殴りかかる。それをかわしてエピルにぶつかる。

モルジ　あっ。
ルーフ　エピル！　てめーよくもやってくれたな！

ルーフが殴りかかる。ミラが矢を放つ。それがチビとルーフに刺さる。

ミラ　当たった！
ルーフ　……チビ。愛してるよ。結婚しよう。
チビ　兄貴、一生あなたについて行きます。
エピル　あんたたちどうしたの？
ルーフ　うるせーブス。
チビ　ブス調子乗ってんじゃねーぞ。
エピル　はあ！
ルーフ&チビ　メエエエエエ。

三人が去る。

モルジ　あれは何？　もしかして君がやったの？
ミラ　びっくりさせてごめん。ああするしかなくて。
モルジ　ねえ君は一体何者なの？
ミラ　えっ。
モルジ　君……本当にサルなの？
ミラ　わたしは……（被り物を外す）わたしは天使なの。
モルジ　ええ！　天使ってあの天使？
ミラ　うん。
モルジ　な、なんで天使がこんなところにいるの？
ミラ　わたしたちは今、天使になるための最終試験をしてるの。
モルジ　最終試験？
ミラ　うん。
モルジ　どういうこと？　わけがわからないよ。
ミラ　私たち天使はね、世界中を愛で幸せにするのが役目なの。
モルジ　世界中を愛で幸せにする？
ミラ　うん。そこで一人前の天使になるための試験をしてるの。（ポケットからデビルバッジがあることに気づく）あっ。
モルジ　どうしたの？　なにそれ？
ミラ　天使のルールを破ると増えていっちゃうんだ。５つになると悪魔にされちゃう。
モルジ　悪魔に？　もしかして僕のこと助けたから？
ミラ　ううん。大丈夫。
モルジ　ごめん。僕のせいで。
ミラ　ねえ。モルジ（花を取り出して）もしかしてこれってあなたの？
モルジ　あっ。……うん。
ミラ　落ちてるの拾ったんだ。はい。（渡す）
モルジ　（もらおうするが）悪いんだけど捨てておいて？　君もみたろ？　僕のなんて誰も貰ってくれないから。
ミラ　そんな。
モルジ　こうなるってわかってるんだけどね。でも毎年愛の日になるとここに来ちゃうんだ。もしかしたら、もしかしたら誰かが……（言いかけてやめて）ありえないよね。
ミラ　私に何かできないかな。
モルジ　ううん。これ以上迷惑はかけられないよ。……ミラ、僕ね、毎晩月に願ってるんだ。次生まれ変わったら、友達ができますようにって。
ミラ　生まれ変わったらなんてそんな。
モルジ　ミラ。今日は助けてくれてありがとう。まさか天使に会えるなんて思わなかったよ。

ミラ　……。
モルジ　僕、行くね。さよなら。(去る)
ミラ　……わたしたちは世界を愛で幸せにするんじゃないの？

シルフが入ってくる。それに気づいたミラは隠れる。遅れてクロム登場。

シルフ　クロム！
クロム　シルフ。遅れてごめん。

二人は見つめ合い。抱き合う。

シルフ　メエエエエ！
クロム　(同時)アオーーン！　やっぱり君のことが忘れられない。
シルフ　私もずーっとあなたのことを考えてた。
クロム　ねえ、僕たち一緒になろうよ。
シルフ　私もできることならあなたと一緒にいたい。……でも、無理だよ。
クロム　わかってる。わかってるよ。でもさ、
シルフ　クロム。掟を破ることはできない。それに私たちが結ばれたらあなたの家族は仲間たちになんて言われる？
クロム　……。
シルフ　私ね。あなたにお別れを言いにきたの。
クロム　そんな。
シルフ　お互い幸せになりましょう。そして、次は同じ仲間になれるように祈ろう。
クロム　本当に無理なの？
シルフ　(頷く)。でも生まれ変わったらあなたと出会ってずーっと一緒だよ。
クロム　シルフ。
シルフ　さよなら。クロム。(シルフ走って去る)
クロム　(空を見上げて)神様。僕らはなぜ許されないのですか？

暗転していく。

■シーン2

アルマとミルバ(天使)にスポットライト。

ミルバ　アルマ、私はいつもあなたの味方だよ。だからあなたも本当はそう思うのなら私を信じて。
アルマ　(寝ながら)ミルバわかったからもう放っておいて。
ミルバ　あなたも私と同じ気持ちなんじゃないの？　このままじゃ本当の幸せなんて……
アルマ　違う。私は違う。もう言わないで、もう責めないで。
ミルバ　あなたの本当の気持ちを聞かせて、
アルマ　私は、わたしは……
ミルバ　アルマ、アルマ、アルマ、アルマ……
(暗くなる)
アルマ　やめて！(照明がつく。アルマが起き上がる)はあ、はあ。私は……。

大天使登場(黒い影)。

大天使　アルマ。
アルマ　大天使様。
大天使　どうかしましたか？(ミラが入ってきて話を聞いてる)
アルマ　ちょっとミルバのことを。
大天使　ミルバ。たしか君と彼女は友達だったね？
アルマ　はい。
大天使　彼女は立派な天使になれるはずだった。しかし残念ながら彼女は悪魔の心を持っていた。
アルマ　ミルバは悪魔なんかじゃありません。優しい立派な天使でした。
大天使　だが彼女は天使をやめた。絶対にあってはならぬことをしたのだ。
アルマ　それは……
ミラ　先生。
大天使　誰だ君は？
アルマ　私の生徒です。ミラ、今大天使様と話しをしてるから席を外しなさい。
ミラ　大天使様。ミルバさんが天使をやめたって本当ですか？
大天使　君に話すことではない。
ミラ　教えてください。なんでミルバさんは天使をやめたんですか？

アルマ　ミラやめなさい！

ミラ　……

大天使　君は試験に集中しなさい。アルマ。悪魔たちのことで話があります。やはり彼らは世界を混乱させる暗躍を企てていた。これ以上見過ごすわけにはいきません。近々彼らの処分を決行します。準備をしておくように。

大天使消えていく。

ミラ　悪魔たちの処分って？

アルマ　彼らにはいなくなってもらうと言うことです。

ミラ　えっ！　ちょっと待ってください！　彼らも元々は同じ天使ですよね？　仲間を殺すんですか？

アルマ　上で決まったことです。私たちにはなにもできません。

ミラ　そんな。

アルマ　仕方ないんです。悪魔たちは天界に生かされていた。なのにそんな彼らが混乱を起こそうとしてるのです。……あなたは絶対に悪魔になってはいけませんよ。

ミラ　……先生。質問があります。私たちの使命は世界中の人たちを愛で幸せにすることですよね？

アルマ　その通りです。

ミラ　本当に幸せにしてるんでしょうか？

アルマ　どう言う意味ですか？

ミラ　モルジに会いました。

アルマ　ミラ。モルジには関わってはいけ……

ミラ　彼は誰にも愛されず幸せを諦めています。私、彼を助けてあげたいんです。

アルマ　それはできません。同じ仲間がいない彼に私たちは何もできません。

ミラ　どうしてですか？

アルマ　それがルールだからです。正しい愛のカタチを壊すことは許されない。

ミラ　わかってます。でもどうして他の動物同士が幸せになっちゃいけないんですか？

アルマ　ルールだからです。もしそのようなことが起こりそうなら彼らを元に戻してあげなければいけません。それもあなたの役目です。

ミラ　愛のカタチは一つしかないんですか？　そもそも私たちが決める権利なんてあるんでしょうか？　先生。先生は本当にこれが正しいと思っているんですか？

アルマ　それは……。

ミラ　答えてください！　私たちは本当の幸せを彼らに届けているんですか？

アルマ　ミラ、もうやめましょう。試験に戻りなさい。

ミラ　このままじゃ世界中が愛で幸せになんてならない！　みんなが幸せな世界を作ることが私たちの使命ではないんですか？

歌「ミラの決意」

（ミラ）　先生教えて　本当にこのままでいいの？
（アルマ）　ミラやめて　これはルールなの
（ミラ）　先生教えて　私たちは正しいの？
（アルマ）　ミラ聞いて　これが天使の使命なの
（ミラ）　怒り悲しみ傷つく世界
誰かが誰かを笑う世界
ルールの中に答えはあるの？
（アルマ）　ルールがあるから平和なの
（ミラ・ミルバ）　それで世界は笑えるの？
（アルマ）　……

（ミラ・ミルバ）
瞳を閉じて
胸に手を
そして自分の心に聞いてみる
心の中の奥底に
きっと真実が眠っている
傷ついた心だとしても

（アルマ／chorus）
もうやめて
言わないで
わかってる。
わかってる。
でも私にはできないの
わたしは、わたしは……

それでもまだ諦めたくないよ
先生（アルマ）本当のきもちを教えて
私は私を生きていく
もう迷わない、決めたから
「私、天使を辞めます」

アルマ　ミラ‼（ミラが走り去る）

暗転。

■シーン3

明るくなると静かな森の中。スカンクのポムが入ってくる。

ポム　あれ？　セッカチいないな？

やせ細ったオオカミのルドルフがゆっくり登場してくる。

ポム　あっ、ルドルフさん。

ルドルフ　ポムか。

ポム　うん！　セッカチきてる？

ルドルフ　いや、まだきてないよ。

ポム　あいつが遅れるなんて珍しいな。ねえルドルフさん聞いてよ。最近ねインコちゃんに告白されちゃったんだ。

ルドルフ　ほう。

ポム　でもびっくりしてまたかましちゃってさあ。はあ、気をつけているんだけど。全然コントロールできなくて。（セッカチが入ってくる。ポムは気づいていない）ほら僕のオナラは同じスカンクたちからも臭くて有名でしょ。だからみんなからお前はこっちに来るなって。

セッカチ　わっ‼

ポム　ああああ！（びっくりしてオナラする）

セッカチ　くっせ‼

ポム　セッカチ。

セッカチ　鼻つまんでも関係ないな。よし。（ポムに）もう一発いこう。もう一発！

ポム　やだよ。

セッカチ　ええ良いじゃーん。アンコール・アンコール！　それアンコール・アンコール‼

ルドルフ　セッカチ落ち着け。（クロムが入って話を聞いている）

セッカチ　はーい。……アンコール・アンコール！　それアンコール・アンコール‼

ポム　もうやめてよ！（ヒップアタック）……ん？　その傷どうしたの？

セッカチ　お前にやられたんだよ。

ポム　ちがうよ。その傷。

セッカチ　ああ、これね。昨日突然他のナマケモノたちに（ゆっくり）「その果物よこせ」って言われて、怖いから差し出したんだ。でもさ全然取らないの。あれ？　いらないのかなあって思ってパクって食べちゃったら「何食ってんだー！」ってゆーっくりボコられちゃった。

ルドルフ　そりゃ酷い目にあったな。

ポム　ルドルフさん。僕もね仲間達から、「お前は臭いからおむつ履け！」って言われて。好きな子の前で無理やりおむつはかされたんだ。その時好きな子見たら……笑ってたんだ。

ルドルフ　そうか。

セッカチ　（花を取り出して）どうせだれももらってくれないだろうな。

ポム　（花を取り出して）そうだね。

間。

ルドルフ　少し腹が減った。二人にお願いしてもいいかな？

ポム　（気持ちを切り替えて）うん！　いっぱい木の実取ってくるね。行こうセッカチ。

セッカチ　うん！

二人去る。

ルドルフ　（クロムに）そこに隠れてるのは誰だ？

クロム　ルドルフさんですか？

ルドルフ　そうだが。

クロム　僕はクロムと言います。

ルドルフ　お前……オオカミか。

クロム　えっ、は、はい。

ルドルフ　何十年ぶりだろうなあ、仲間に会うのは。……いや仲間と呼んでいいかどうか。

クロム　さっきの二人って？

ルドルフ　今の俺の仲間。……あいつらに手を出したらタダじゃおかんぞ。

クロム　あなたに聞きたいことがあってここに来たんです。……ゲーテさんのことです。

ルドルフ　……。

クロム　あなたは昔ヒツジのゲーテと言う人を好きになった。本当ですか？

ルドルフ　帰れ。

クロム　えっ。

ルドルフ　俺たちの関係をお前たちに言われるのはもうたくさんだ。帰ってくれ。

クロム　違うんです。僕は……

ルドルフ　俺はお前らとは縁を切った。もう放っておいてくれ！

ポム・セッカチが走って入ってくる。

ポム　ルドルフさーん、かご忘れちゃった。

セッカチ　ん？　だれ？（クロムに近づいて、顔をよく見る）……オオカミだ！（腰が抜けて倒れる）助けてください！　お命だけは勘弁おおお。

ポム　セッカチ逃げて逃げて！（セッカチがゆっくり逃げる）いやこういう時だけナマケモノのスピード!!（ポムがセッカチを連れてくる）ルドルフさん逃げるよ！（ルドルフを連れて行こうする）

クロム　待って。僕の話を聞いてください。（ポムの腕を掴む）

ポム　うわあああ！（オナラがでる）

全員　くっせ!!（ルドルフが倒れる）

ポム　ルドルフさーん!!（クロムに）よくも、よくもルドルフさんをおお！

セッカチ　いや、やったのお前だけどな!!

セッカチとポムがルドルフを連れてこうとする。

クロム　ルドルフさん聞いてください。僕も一人のヒツジに恋をしてます。あなたと一緒なんです！

ルドルフが足を止める。

セッカチ　早くにげるよ。

クロム　でも僕らはもう一緒になれない。

セッカチ　ルドルフさんどうしたの？

ルドルフ　……お前たち。ちょっとあの子と二人っきりしてくれるか？

ポム　えっ。危ないよ。

ルドルフ　大丈夫。

ポム　（ビビりながら）いいな。ルドルフさんに酷いことしたら僕のオナラぶちかますからな！

ポム・セッカチが去る。アルマが入ってきて二人の話を聞いている。

ルドルフ　クロム、だっけな？　で、相手さんの名前は？

クロム　シルフです。

ルドルフ　シルフ。素敵な名前だな。

クロム　ルドルフさんとゲーテさんのことを知りたいんです。

ルドルフ　お前たちと同じだよ。ある日、おれたちは恋に落ちた。だがそれは許されるものではなかった。ただそれだけだ。

クロム　それでどうなったんですか？

ルドルフ　俺たちは自分達の思いを貫き通したが、引き裂かれてしまった。それから仲間たちからは、お前は狂ってる、裏切り者と呼ばれて。俺もゲーテも酷い目にあった。

クロム　まさかあなたのその目……

ルドルフ　ああ、仲間たちにやられてな。この山に捨てられた。

クロム　ひどい。

ルドルフ　でも俺らの想いは変わらなかった。いつかまた会えるって信じてたよ。だけどある日ゲーテは手紙を残して死んじまった。それを聞いた時は辛かった。この世界のくだらない掟を恨んだよ。

クロム　なぜ僕らは結ばれてはいけないんですか？

ルドルフ　さあな。俺にもわからん。（長い間）そうだ。ゲーテが死んでしばらく経った後、不思議なことが起こってな。天使が来たんだよ。

クロム　天使？

ルドルフ　元天使って言ってたっけな。そいつがなずーっと謝るんだよ。「私たちのせいであなたたちを傷つけてしまった」って。だから言ってやったさ。「あんたたちが何をやったか知らねえが、俺らは自分達の愛を恨んだことは一度もない」って。

クロム　…………。

ルドルフ　……おい、お前。

クロム　はい。

ルドルフ　苦しいか？

クロム　はい。

ルドルフ　彼女を好きになったことを後悔してるか？

クロム　えっ？

ルドルフ　別の人を好きになればよかったと後悔しているかと聞いてるんだ。

クロム　（間）いいえ。僕は今もシルフが好きです。

ルドルフ　（ちょっと嬉しそうに）そうか。

クロム　ルドルフさんは後悔してますか？

ルドルフ　俺は今もゲーテを愛してるんだぜ。俺の目に映るのは永遠に色褪せないゲーテだ。……それでお前らはこれからどうするんだ？

クロム　シルフに別れようと言われました。でももし今度同じ動物に生まれ変わったら一緒になろうって。

ルドルフ　生まれ変わったら……か。

歌「生まれ変わったら（ても）」

途中からシルフ入ってくる。
間奏でルドルフがクロムにゲーテの手紙を読ます。

（クロム）
♪いつか生まれ変わったら
小高い丘の上　小さな家を建てて
僕は君の帰りを待つんだ
君はいつも笑顔で
それで僕は　心があたたかくなって
ありがとうと言うよ

（クロム＆シルフ）
君と出会えたこの奇跡に
ずっと　ずっと　君を愛してる
いつか生まれ変わったら
今度こそ君のとなりに居たいんだ
ずっと　ずっと
ずっと　ずっと
君を愛してる

間奏中ルドルフがゲーテの手紙を渡す。

クロム「あなたを愛し続けます。今も、そして生まれ変わっても」

（ルドルフ）
♪いつか生まれ変わっても
俺は君に出会いたい　ただそれだけさ
君が笑ってくれるなら
もう他には何もいらない
ずっと　ずっと　君を愛してる
いつか生まれ変わっても
今度こそ君のとなりに居たいんだ
ずっと　ずっと
ずっと　ずっと
君を愛してる

（三人）
♪ずっと　ずっと
君を愛してる　（愛してる）
いつか生まれ変わったら　（生まれ変わっても）
僕は　俺は　君のとなりに居たいんだ
ずっと　ずっと
ずっと　ずっと
君を愛してる

歌終わりにクロムが去っていく。

ルドルフ　（アルマに気づいて）……また来たのか？

アルマ　はい。

ルドルフ　あんたはどう思う？　あの子たちのこと。

暗転。

■シーン4

明るくなるとモルジが登場。マーリーを取り出す。

モルジ　マーリー。これからどうしよっか？　ラブフェス行きたい？……いけないよね。山に帰る？……そうだね。また一人だね。マーリー。もうこんな世界から消えたほうが楽かな……そんな勇気ないか。

ミラが入ってくる。

ミラ　モルジ。

モルジ　ミラ。なにしてるの？（バッジをつけてないことに気づいて）あれ、バッジは？　もしかして試験に……

ミラ　私もう天使をやめたの。

モルジ　ええ！

ミラ　私あなたに謝らないといけない。私たちがモルジを苦しめてた。

モルジ　どう言う意味？

ミラ　君は幸せになっていいんだよ。いや、ならないとダメ！

モルジ　でも、僕はモンスターなんだよ。

ミラ　だから何？　愛されちゃいけない人なんていない。幸せになっちゃいけない人なんていない。そんな悲しい世界に本当の幸せはないんだよ。

モルジ　でもねミラ。この世界じゃ僕は何者でも……

ミラ　モルジ、君はもう一人ぼっちじゃない。一人ぼっちになんかさせない！　私が君の味方になる。

モルジ　味方？

ミラ　うん。わたしがいるから。だからもう生まれ変わったらなんて言わないで。

モルジ　本当に。

ミラ　うん。

モルジ　僕はもう一人ぼっちでいなくていいの？

ミラ　うん。

モルジ　僕も幸せになっていいの？

ミラ　そうだよ。

モルジ　（泣く）

ミラ　モルジ。

モルジ　ミラ。ありがとう。

ミラ　うん。もう大丈夫だから。

モルジ　うん。……こんなの初めてだよ。嬉しいのに涙がこぼれるなんて。

スリーピーが登場。

スリーピー　ミラ発見！　いたよー。

リード・ブラッシュ・マッド登場。

リード　ミラ！　ん？　お前なんでモルジと一緒にいるんだよ？

ブラッシュ　本当になにやってんの！　今すぐ天界に戻ろう。

ミラ　私はもう戻らない。

リード　もう最悪だよお前もピッピも。

ミラ　ピッピ？　ピッピがどうしたの？

リード　デビルバッジ5つになって悪魔落ちしたんだよ。

ブラッシュ　私たちの代に落第天使も堕天使もいるなんて恥ずかしすぎる！

スリーピー　ミラ戻ろう。きっと許してもらえるから。

ミラ　ピッピが悪魔に?!　ピッピを助け出さなきゃ。

マッド　あいつはもう無理だよ。残念だけどさ。俺らにはどうにもできないよ。

ミラ　でもこのままじゃピッピが殺されちゃう！

マッド　何言ってんの？

ミラ　天界は悪魔達を処分するって。ピッピたちを殺しちゃうんだよ！

天使たち　ええ！

マッド　ちょっと待てよ。あいつはなにもしてないだろ。

リード　それに悪魔たちって元天使だろ。

ブラッシュ　仲間たちを殺すなんてひどすぎるよ。

ミラ　いかなきゃ。

リード　ちょっと待て。お前に何ができんだよ。

ブラッシュ　私たちには何もできないよ。

マッド　お前も殺されるぞ。

ミラ　じゃあこのままピッピが殺されてもいいの？

マッド　それは……

ミラ　こんなの間違ってる！

天使たち　……

ミラ　私は一人でも助けにいく。

モルジ　ミラ。僕も一緒にいかせて。

ミラ　ありがとう。

マッド　おいまてよ。

スリーピー　マッド。……行かせてあげよ。

マッド　でもさ、ミラまで殺されるぞ！

他の天使たちが登場。

天使1　お前たち何してる！

天使2　早くミラを連行しろ！（天使たちが動かない）おい何やってる！　直ちにミラを捕まえろと言ってるんだ！

スリーピー　できません。

天使1　はああ！　命令に反くのか！

天使2　言うことを聞かないならお前らも悪魔落ちするぞ！

天使1　今すぐやれ！

スリーピー　できません!!……ミラ行きな。

セッカチとポムが入ってくる。

セッカチ　なになになに？

ポム　ん？　誰あの子たち？

セッカチ　（モルジを見つけて）モルジだー!!

ポム　やばい！　逃げるよ！（セッカチのゆっくりな動きをみて）やっぱりこういう時だけ、ナマケモノのスピード！

天使1　どうする？

天使2　しょうがない。（銃を取り出す）

ポム　うわああ銃だぁー！（今まで一番のオナラ）

全員　くっせー!!

マッド　ミラ、今のうちに行け！　ピッピのこと頼んだぞ。

ミラとモルジが去る。暗転。

■シーン5

悪魔たちの村にミラ・モルジ登場。

モルジ　ここが悪魔の村？

ミラ　うん。

モルジ　こんな場所があるなんて知らなかった。

ミラ　悪魔たちはここで天界から監視されながら暮らしてる。

モルジ　ここにミラの友達がいるの？

ミラ　そのはず。早くピッピを助けださきゃ。

悪魔たちが懐中電灯をもって登場。

悪魔1　（モルジとミラを照らして）お前たち何者だ？

悪魔2　侵入者だ！　捕まえろ！

ミラたちと悪魔たちの逃げるムーブメント。懐中電灯を使う。

モルジ　なんとか逃げ切ったね。

ミラ　ピッピどこにいるんだろう。このままじゃ捕まっちゃうよ。

モルジ　あそこに家がある。行ってみよう。

ミラたちが舞台から降りて客席の方へ。照明が家の中に変わる。
動物の孤児たちが登場。

孤児1　ねえねえもうすぐラブフェス始まるね〜。

孤児2　レインクロー見に行きたいなあ。

孤児3　だめだよ。
孤児4　でもさ、とうとうクインとバロンがライブやるんだよ。
孤児5　私クイン姉ちゃん大好き！
孤児4　バロン兄ちゃんだってデッカくてかっこいいよ！
孤児1　ええ！　クイン姉ちゃんだって顔こんななのに(手で丸を作る)目こんなデッカいんだよ！
孤児2　バロン兄ちゃんだってデッカいよ！
孤児3　何が？　目？
孤児2　足‼　30センチもあるんだって！
全員　やべ――！
孤児5　二人ともすごいね。
孤児4　応援しに行きたいね。行っちゃうか！
全員　いいねいいね！
孤児3　ダメだってば！　でもライブのあとにここに来て、私たちのためだけに歌ってくれるって。
全員　やっべー‼
孤児1　私大きくなったら二人みたいな世界の人気者になる！　絶対なーるー‼
孤児4　私も！
孤児2　私も！
孤児5　私も！
孤児3　私も‼
全員　(ポーズ)　いえーい‼
モルジ　ここって悪魔しか住んでないんじゃないの？
ミラ　うん。
モルジ　クインとバロンってレインクローのことだよね？
ミラ　どういうことだろ？

ピッピが登場。

ピッピ　みんな〜そろそろご飯だよ〜。
孤児1　ピッピ〜。(抱きつく)　遊ぼうよー。
孤児たち　遊ぼうよー！
ピッピ　ご飯ちゃんと食べてからね。
孤児1　わかった！(孤児達はける)
ミラ　ピッピ‼
ピッピ　……ミラ⁉　え、なんでここにいるの？
ミラ　悪魔にされたって聞いて助けにきたんだよ。でもあの子たちは？　ここには悪魔しか住んでないはずじゃ。
ピッピ　それがねミラ。ここは、

ミルバが登場。

ミルバ　ピッピ何してるの？　ご飯が冷めちゃい……(ミラとモルジを見て)あなたたちどこから入ってきたの？(ミラを見て)あなた、天使？
ピッピ　ミルバ先生。友達のミラです。
ミラ　ミルバ？
ピッピ　この学校の先生だよ。ミラ、すごいんだよ。ここはねいろんな動物たちが一緒に暮らしてるの。
モルジ　いろんな動物が一緒に⁉
ピッピ　ん？　ミラ、バッジは？
ミルバ　あなた、もしかして天使をやめたの？
ミラ　……はい。
ピッピ　えええ！
ミラ　ミルバさんのこと知ってます。あなたも天使をやめたんですよね？
ミルバ　ええ。私もかつて天使でした。今はここであの子たちと暮らしてるの。
モルジ　他の動物同士が一緒に暮らしてるんですか？
ミルバ　そうよ。ここにいる子たちはみんな親がいなかったり、仲間たちから迫害を受けた子たちなの。
モルジ　あの子たちも？
ミルバ　はい。……あなたはモルジですね？
モルジ　はい。
ミラ　ミルバさんはなぜ天使をやめたのですか？
ミルバ　ミラ、私たち天使の使命はなんですか？
ミラ　世界中の人たちを愛で幸せにすることです。
ミルバ　そうね。でも本当に幸せにしていると思う？
ミラ　そうだと信じてました。私たちの愛のカタチはみんなを幸せにしてると信じてました。でも間違っていた。実際はモルジを苦しめ、差別や分断を起こしていた。私はこんな世界に本物の幸せはないと思っています。

ミルバ　うん。私たち天使は長い間思い違いをしてた。そして多くの人たちの苦しみを無視してきた。……モルジ。あなたをこんなに傷つけたのは私たちの責任です。ごめんなさい。……ミラ、あなたの信じる本物の幸せとはなんですか？

ミラ　それは……誰かが手に入れるものではなくて、誰もが手に入れられる幸せこそ、本物の幸せだと思います。

ミルバ　私も同じ考えです。だから私はそんな世界に変えたくてこの場所を作ったの。

ミラ　ここから世界を変えようとしてるんですね。

ミルバ　そうよ。

ミラ　ミルバさん、一緒に手伝わせてください。私も世界を変えたいんです。お願いします！

ミルバ　もちろん！

ピッピ　ミラも一緒にやるの！　やったー！

ミルバ　……モルジ。

モルジ　はい。

ミルバ　あなたも一緒にここで手伝ってもらえないかしら？

モルジ　僕が？

ミルバ　あなたの力が必要なんです。だれよりも寂しさとやさしさを知っているあなたの力が。

ミラ　モルジ一緒にやろう！　一緒に世界を変えよう！

モルジ　……うん！（ミルバに）お願いします。

ミルバ　ありがとう！　未来を生きるこの子たちのためにもがんばりましょう。

ピッピ　うわあすごい!!　モルジよろしくね。

モルジ　うん！

ミルバ　ミラ、実はねレインクローの二人もこの出身なんです。

ミラ　ええ！

ミルバ　彼らも歌で世界を変えようと頑張っています。

悪魔たちが入ってくる。

悪魔1　ミルバ先生大変です!!

悪魔2　天使たちがここに向かってきてます！

ミルバ　天使たちが!?

ミラ　ミルバさん！　天界はあなたたちを抹殺しようとしてるんです。

ミルバ　……まずこの子たちを安全なところに逃しましょう。

孤児3　またみんなとバラバラになっちゃうの？

孤児5　先生どこ行っちゃうの？

孤児1　そんなのやだよ。

ミルバ　大丈夫。絶対にまもるから。

リード・マッド・ブラッシュ・スリーピー（全員デビルバッジ4）登場。

ブラッシュ　何この場所！　えっ動物たちがいる！

ミラ　みんな！

スリーピー　ミラ！　ピッピ！　間に合ってよかった〜。

ピッピ　なんでここに!?

マッド　そりゃあ、な、あのー、（言いづらそうに）助けにきたんだよ。

ピッピ　え？　なんて？

マッド　おめえらを助けにきたの!!

リード　天使たちがすぐそこまで来てるから急がないと。

ミルバ　わかったわ。まず子供たちを避難させて。

悪魔1　はい。

悪魔たちは孤児たちを連れていく。アルマが登場。

ミラ　先生!!

アルマ　ミラ！（天使たちもみて）なんであなたたちがここにいるんですか？

リード　先生こそこっちにはこない予定じゃ。

ミルバ　アルマ。

アルマ　……ミルバ？　まさかあなたなの？

ミルバ　ひさしぶり。

アルマ　ここはなに？　ここで何してるの？

ミラ　先生、ミルバさんはここで傷ついた子たちと一緒に暮らしてるんです。
アルマ　えっどういうことですか？
ミラ　苦しく辛い思いをした子たちを守ってきたんです。
リード　そんなの許されるの？（天使たちがざわつく）
ミルバ　アルマ。ここは私とあなたが夢見た場所よ。わかっているでしょ。今の天使のやり方じゃ本物の幸せなんて作り出せない。あの時私たちは同じ思いだった。
ミラ　えっ先生も？
ミルバ　私たちは親友だった。あの時最終試験でたくさんの傷ついた人たちを見た。そして気づいたの、私たちは間違ってるって。
ピッピ　でもなんでミルバさんだけが天使をやめたの？
ミルバ　それは……
アルマ　それは私が彼女を裏切ってしまったから。
ピッピ　裏切った？

台上に子供のミルバ（デビルバッジ3つ）とアルマ（デビルバッジ4）と天使先生が登場。

天使先生　ミルバ、アルマ。正直に答えなさい。どちらがオオカミとヒツジに矢を放った？
アルマ　それは……（手を上げようとするが、自分にはもうデビルバッジが4つあるので、手をあげれない。ミルバはそんなアルマを見ている）
天使先生　答えなさい。お前たちどちらがやったんだ？
アルマ・ミルバ　……。
天使先生　お前たちは重大なミスを犯した。答えなさい！
アルマ　（手をあげようとする）
ミルバ　先生。他の動物たちが一緒になることは本当にいけないことなんでしょうか？
天使先生　当たり前です。そんなことは許されません。
ミルバ　どうしてですか？
天使先生　混乱が生まれるからに決まっているでしょう。それがルールです。
ミルバ　でも、二人は本当に愛し合っているんです。私は今の天使が世界を愛で幸せにしているとは思えません。
天使先生　はっ！　何をいってるんだ！　ミルバそんなこと言って許されると思ってるんですか？
ミルバ　ひとりの子が傷ついて倒れてました。でも他の動物たちは仲間じゃないからって彼を無視した。こんなの間違ってる。誰であろうと手を差し伸べるのが本当の愛なんじゃないんですか？
アルマ　ミルバ……。
ミルバ　アルマもそう思うでしょ？
アルマ　私は……。
ミルバ　なんで何も言わないの？
天使先生　アルマ、あなたも同じ意見ですか？（デビルバッジを出す）
アルマ　（5つ目のバッジが目に入って黙ってしまう）
アルマ　……
ミルバ　（バッジを見て、アルマの気持ちを察する）先生。……私がやりました。私が二人に矢を放ちました。
アルマ　えっ。
天使先生　わかりました。では、（バッジを渡そうとする）
ミルバ　いりません。……私は天使をやめます。
アルマ　ミルバ何言ってるの！　違うんです。先生！　本当はわたしが、
ミルバ　（アルマを止めて）大丈夫。私はいつもあなたの味方だよ（去る）
アルマ　ミルバ。ミルバー！

明かりが消えていく。照明がミラたちに戻る。

ピッピ　そんなことがあったんだ。
アルマ　私は裏切ってしまった。いつも私の味方だったあなたを。
ミルバ　あの時は仕方なかったよ。
アルマ　ごめんなさい。
ミラ　先生は今もミルバさんのこと大切な人と言ってましたよね。本当は今もミルバさんと同じ思いなんじゃないんですか？

アルマ　……ええ。ずっとそう思ってました。
ミラ　じゃあなんで？　なんで何もしてこなかったの？　世界にはこんなに傷ついている子たちがいるのにどうして！
ピッピ　ミラ。先生を責めちゃダメだよ。
アルマ　ずーっと逃げてきたの。ほんとの気持ちから。私には何もできない、諦めようって。ずーっと逃げてたの。
モルジ　（間）僕は……僕はずっと友達が欲しかった。仲間が欲しかったんです。けど誰も友達なんかなってくれなくて、すごく寂しかった。だからもうこんな人生、自分で終わらせようって思ってたんだ。……そしたらミラが、もう一人ぼっちじゃない。私は君の味方だって……初めてだよ。そんなこと言ってもらえたの。……うれしくて涙がとまらなかった。諦めないで生きててよかったって思えたんだ。
ミラ　モルジ。
モルジ　アルマさん。変えることは今からでもできます。僕はこの世界を変えたい！　一緒にお手伝いしてくれませんか？
ピッピ　そうだよ先生！
ミラ　私たちが信じる未来を一緒に作りましょう！
アルマ　……ええ。私もあなたたちのお手伝いをさせて。
ミルバ　アルマ。
アルマ　ミルバ。今度こそ私はあなたの味方よ。
ミルバ　ありがとう。

音楽と共に大天使登場。

大天使　アルマ。ここで何をしてる？
アルマ　大天使様
大天使　ん？　お前まさか……（状況を把握して）なるほど。ミルバ、全てお前の仕業か。アルマ、今すぐそいつを処分しろ。
アルマ　私にはできません。
大天使　この悪魔は世界を不幸にしようとしてるんだぞ！　いますぐ処分しろ！

ミラとモルジがミルバの前に立つ。

大天使　なんだお前たちは。（ミラを見て）お前は天使をやめた裏切りもの。（リードたちに）おい天使たち、こいつらを処分しろ！（リードたちが動かない）なにをしてる！　言うことを聞け。さもなければお前らも悪魔落ちだぞ！
スリーピー　どうぞご勝手に。
リード　今日で僕らも天使をやめます。
ブラッシュ　（バッジを外しながら）もうこんなのにビクビクするのは終わり！
大天使　なんだと。
マッド　いくら大天使でも仲間に手を出すのは許さねーからな。
ピッピ　マッド言うね～！
マッド　うるせー！
大天使　お前たちは悪魔だ。世界を壊す悪魔だ！
ミラ　（力強く）私たちはみんなが幸せになれる世界に変えるんです！
大天使　何を言ってる。
ミラ　苦しんでいる人悲しんでる人を無視するような世界に本物の幸せなんてない。
モルジ　これ以上僕と同じ思いをする人を増やしたくない。僕らはすべての人が幸せになれる世界にしなきゃいけない。
大天使　すべての人だと？　そんなことは無理だ。我々はより多くのものが幸福になるために、秩序ある愛のカタチを作り守ってきた！
ミラ　ルールなんていらない。愛に決まったカタチなんてないんだ。
モルジ　そんなものがなくたって幸せは一人一人に溢れている。
大天使　お前みたいなやつにできると思っているのか？
モルジ　僕はもうひとりぼっちじゃない！　僕には仲間がいる。
ミラ　私たちがやるんです。それが私たちに与えられた本当の使命です。
大天使　そんなことは不可能だ！
ミラたち　やるんです！　私たちの未来のために！
大天使　ははははっ！　お前たちがやろうとし

てることは多くのものを不幸にする悪だ。

……ふん。私は認めません。そんなこと絶対に認めませんからね。（去っていく）

ミラ　モルジ。一緒に変えよう。世界が笑顔で、希望で、愛で溢れた世界に！

ミラとモルジにピッピたちが加わる。アルマとミルバも。するとミラが前を見る。音楽がスタート。上手奥台にシルフとクロムが登場し抱き合う。下手奥台にペンペンとゴリータが登場し手を取り合う。

歌「ワンダフル　ワールド」

歌中全員が舞台に入ってくる。lalala～で役者たちが客席までいく。観客にlalala~を促す。歌のラストに役者たちが花をお互い交換する。

♪

溢れてるんだ　世界は希望で
溢れてるんだ　世界は愛で

ちっぽけな枠の中 に収まってる俺ら
まるで檻の中 Ey さしずめこんな性(さが)
空を飛びたいと願えど祈れど雲は俺らを
嘲笑う
いつかあいつが言ってたけなぁ
「どうせお前にゃできやしない」
言葉のトゲが今もまだ　ここに刺さって
抜けないまま
そんな日々を蹴散らせ　撃ちけせ　当たり前をぶっこわせ
何度転んだとしても何度だって立ち上ってみせる
諦めたやつの言葉なんかに耳をかすな
そうさ俺らにゃ夢がある　大空羽ばたく
翼をもって
いざ進め　今進め

僕らの夢はまだ空の彼方
でも叶う気がするんだ君となら
さあ行こう振り返らずに
がむしゃらにただひたすらに
僕らは一人だけど一人ぼっちじゃない
僕らで作る未来　まってたってこない
溢れているんだ　世界は希望で

溢れてるんだ　世界は愛で
僕らの世界は　wonderful days
lalalalalala～

さあ始めよう　俺らのNew world
さあ繋がろう　今がその時
大丈夫　流した涙は
最高級の笑顔に変わる
愛をあげよう俺の言葉で
愛をもらおう君の言葉で
愛を歌おう世界のために
I'm gonaa live in the Wonderful World
The World has full of Love and Peace
Our Future's waiting for our Wonderful World

僕らは一人だけど一人ぼっちじゃない
僕らで作る未来　まってたってこない
溢れているんだ　世界は希望で
溢れているんだ　世界は愛で
僕らの世界は　wonderful days
lalalalala～

さあ渡そう
大切なあの人に

役者たちが花をお互い交換する。
ゆっくり暗転していく。

――FIN

児童・青少年演劇ジャーナル

げき28

公益社団法人日本児童青少年演劇協会
2024年度「落合聰三郎児童青少年演劇基金」助成

児童・青少年演劇ジャーナル「げき」28
2024年9月30日　発行

編集・発行—児童・青少年演劇ジャーナル〈げき〉編集委員会
代表＝ふじたあさや
〒160-0002 東京都新宿区西新宿6-12-30芸能花伝舎2-4
日本児童・青少年演劇劇団協同組合内
電話03-5909-3064
発売———晩成書房
〒101-0064 東京都千代田区神田猿楽町2-1-16-1F
電話03-3293-8348
印刷・製本—美研プリンティング

ISBN978-4-89380-526-3 C0074
Printed in Japan